AF260141

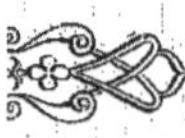

MENDOZA

ET

NAVARRETE

NOTICES BIOGRAPHIQUES

PAR

M. DUFLOT DE MOFRAS

PARIS

IMPRIMERIE ROYALE

M. DCCC. XLV

MENDOZA

ET

NAVARRETE

EXTRAIT
DES ANNALES MARITIMES ET COLONIALES
PUBLIÉES PAR MM. BAJOT ET POIRRÉ

MENDOZA

ET

NAVARRETE

NOTICES BIOGRAPHIQUES

PAR

M. DUFLOT DE MOFRAS.

PARIS

IMPRIMERIE ROYALE

M DCCC XLV

A

SA MAJESTÉ CATHOLIQUE

NOTICE BIOGRAPHIQUE

SUR

MENDOZA.

----•----

Parmi les noms dont s'est enorgueillie la marine espagnole,
il en est peu de plus marquant que celui de Mendoza. Adoptées
par toutes les nations civilisées, ses découvertes ont complète-
ment changé les bases de l'astronomie nautique; et cependant
ses contemporains, ingrats envers ses services, avaient négligé
de recueillir tout ce qui avait trait à la vie de cet homme, qui a
répandu tant d'éclat sur l'Espagne. Sa biographie restait entièrement à faire, et c'est à peine depuis quelques mois que nous
avons pu réunir à Madrid les documents nécessaires à la rédac-
tion de cette notice. Ces documents nous les avons dus à l'amitié dont nous honorait le savant directeur du dépôt hydrographique de Madrid, dont l'Europe déplore la perte encore ré
cente : nous n'avons nul besoin d'ajouter que le nom de
Navarrete est un sûr garant de leur authenticité.

Don Nicomèdes, Maria del Rosario, José, Juan Bautista, Domingo, Ramon, Francisco de Paula, fils légitime d'un noble Sévillan, Don Joseph de Mendoza, et de Doña Maria Romana de Morillo, naquit le 15 septembre 1764, dans la paroisse de Saint-Vincent-Martyr, à Séville, vieille et féconde cité, qui a fourni des illustrations en tous genres à la Péninsule. Mendoza avait un frère plus jeune que lui de quatre années. Leur père, esprit grave, plein de sagacité et de distinction, les conduisit tous deux à Madrid, et les plaça, pour terminer leur éducation, au collége royal des Nobles, où ils firent d'excellentes études. L'aîné des deux frères ne cessa pas d'être désigné sous le nom de Joseph de Mendoza y Rios, dernier nom emprunté à son aïeul maternel. Il résulte de son état de services, conservé aux archives de Simancas, qu'il fut, le 30 avril 1774, nommé cadet de cavalerie dans le régiment des dragons du Roi. Mais son imagination aventureuse ne put s'accommoder de l'oisive monotonie du service de terre, et, grâce aux connaissances élevées qu'il avait acquises déjà dans les sciences exactes, il obtint, par une seconde cédule de Charles III (12 avril 1776), le grade de lieutenant de frégate dans la marine royale.

Embarqué en cette qualité sur le vaisseau de ligne *el Oriente*, il le quitta le 29 octobre 1777, et partit le 15 décembre suivant pour les Philippines, sur la hourque *Santa Inès*; mais ce navire, attaqué par deux forts corsaires anglais, fut pris par eux, en dépit d'une résistance désespérée.

L'équipage espagnol fut conduit prisonnier en Irlande. Mendoza eut Cork pour séjour; mais il ne tarda pas à être échangé et revint à Cadix après une année de captivité.

Il demeura dans cette dernière ville jusqu'en 1781, occupé d'importants travaux, que la guerre survenue entre la France, l'Espagne et l'Angleterre, le força d'abandonner. Nous le retrouvons, en effet, au mois d'avril 1782, lieutenant de frégate et commandant le navire armé *el Rosario*, en qualité de chef de la deuxième division des batteries flottantes contre Gibraltar. Nommé, le 1er septembre, aide de camp du duc de Crillon, il ne remplit cet emploi que peu de jours, à cause de l'insuccès de l'attaque, et retourna à Cadix à le fin du mois.

Les trois années qui suivirent ne furent stériles ni pour son avancement militaire, ni pour sa réputation scientifique. Il fut appelé au grade de lieutenant de vaisseau, et profita de quelques loisirs pour composer son traité de navigation. Revêtu, le 1er janvier 1776, des fonctions d'aide-major de la capitainerie du port de Cadix, il commanda en chef par intérim, jusqu'au jour où des cédules royales (18 et 22 mai 1787), motivées sur l'état de délabrement de sa santé, qu'un service de mer actif eût pu compromettre dangereusement, le mirent dans l'obligation de revenir à Madrid.

Ce fut à cette époque que son traité, ayant été soumis à une dernière révision, sortit des presses de l'imprimerie royale, et appela sur lui l'estime des savants et les récompenses du gouvernement espagnol, qui le fit capitaine de frégate en 1789, et mit peu de temps après à sa disposition une somme de 300,000 fr., destinée à l'acquisition, en France et en Angleterre, des ouvrages et des instruments nécessaires à la formation d'une bibliothèque maritime.

Mendoza s'acquitta de cette tâche avec un grand zèle et une extrême sagacité; noua des rapports, soit à Paris, soit à Londres, avec ses contemporains les plus célèbres, et, le 1er février 1794, fut nommé brigadier de la marine royale, grade correspondant à celui de chef d'escadre, qui existait autrefois en France.

En 1795, Mendoza fit paraître à Madrid un « Mémoire sur quelques méthodes nouvelles pour obtenir la longitude au moyen des distances lunaires, et sur l'application de cette théorie à la solution d'autres problèmes de navigation. » L'année suivante, il fut reçu membre de la Société royale de Londres, qui inséra dans ses Transactions philosophiques un travail

écrit par Mendoza, en langue française, sous le titre de « Recherches sur la solution des principaux problèmes de l'astronomie
nautique. »

L'auteur, dans cette notice, annonçait son intention de publier plus tard un traité complet d'astronomie nautique et des
tables à l'usage des marins. Mais, tout en s'occupant de jeter les
bases de cette importante publication, Mendoza ne négligeait
pas d'autres intérêts : en 1798, il expédia au dépôt royal hydrographique de Madrid une précieuse collection de livres et d'ob-
jets scientifiques, choisis avec un rare discernement, et qui furent
d'une extrême utilité pour l'exécution des admirables travaux
dont cet établissement était destiné à enrichir un jour la science.

Mendoza continua à séjourner en Angleterre, où le hasard
lui fit contracter des liens si intimes, qu'en dépit d'ordres réi-
térés, il refusa formellement de retourner en Espagne, donna
sa démission, et renvoya ses brevets; renonciation qui le fit ex-
clure par une cédule royale, du 21 mai 1800, du corps de la
marine espagnole.

Cependant, tout en frappant l'homme d'une rigueur à laquelle il avait volontairement donné lieu, le gouvernement de
Madrid ne cessa pas d'accorder à ses œuvres l'estime et la protection qu'elles méritaient : c'est ainsi qu'il fit paraître à ses
frais, en 1801, la collection des tables de Mendoza pour divers
usages de la navigation, avec des tables supplémentaires, afin
de dégager de la parallaxe et de la réfraction les distances apparentes de la lune au soleil ou à une étoile.

La rupture de Mendoza avec le gouvernement espagnol le
décida à s'établir irrévocablement en Angleterre. Voici, du reste,
quelle était la cause intime de sa prédilection pour ce pays.
Étant tombé très - gravement malade à Londres, la personne
dans la maison de laquelle il logeait lui prodigua des soins si
dévoués, que, pénétré de reconnaissance, il sollicita sa main,
l'épousa, et en eut deux filles, dont une seule a survécu, et est

actuellement mariée à sir Patrick Bellew, baronnet irlandais, et ancien membre du Parlement.

Quant au jeune frère de Mendoza, il épousa une Espagnole. Par une assez bizarre coïncidence, il n'eut aussi de cette union que deux filles, qui habitent aujourd'hui Ségovie, et il mourut, emportant le regret de n'avoir pu, par une descendance mâle, perpétuer le nom qu'avait illustré son frère aîné.

En 1803, la Société royale de Londres accorda à ce dernier une somme de 700 livres sterling (17,500 francs), pour faciliter l'impression de ses manuscrits. Son grand ouvrage, portant pour titre : *Collection complète de tables pour la navigation et l'astronomie nautique*, parut à Londres en 1805, et obtint en 1809 les honneurs d'une nouvelle édition.

A partir de cette époque, Mendoza, bien que toujours occupé d'études scientifiques, ne composa plus aucun de ces vastes ouvrages qui avaient fondé sa renommée. Soit enfin que l'excès du travail eût affaibli ses facultés, soit que son caractère fût porté naturellement aux extrêmes, Mendoza, ayant trouvé dans une de ses tables une grave erreur de calcul, en conçut un sombre désespoir, une telle douleur, qu'il se tua à Brighton, d'un coup de pistolet, le 3 mars 1815.

Ainsi mourut, à peine âgé de 53 ans, cet illustre géomètre, dont les travaux aussi élevés que ceux des Newton, des Lagrange, des Fermat et des Laplace, ont en outre l'avantage d'être d'une application plus générale et plus facile, et d'avoir efficacement concouru aux progrès de la civilisation, en réduisant les problèmes d'astronomie nautique les plus compliqués à de simples règles d'arithmétique.

Une plume plus éloquente que la nôtre, a déjà publié une appréciation scientifique des œuvres de Mendoza. M. Biot, avec la supériorité de son talent et l'autorité de son nom, a donné de justes éloges à la simplicité des méthodes de Mendoza, et, pour ne parler ici que de celles relatives aux longitudes, il a fait remarquer ce que la science avait gagné à renoncer à la méthode logarithmique, pour adopter les formules si peu compliquées, si claires et si précises du géomètre espagnol. Tous ceux qui s'occupent de géodésie savent en outre que les tables des latitudes croissantes de Mendoza sont adoptées par tout le monde.

De son côté, M. Richard, capitaine de corvette en retraite, a imprimé en 1843, après en avoir refait et vérifié tous les calculs, une édition nouvelle des tables de Mendoza.

Cette édition, qu'on pourrait appeler populaire, est d'autant plus précieuse, qu'elle rend accessible à tous, par l'extrême modicité de son prix, un ouvrage qui, imprimé dans le grand format jusqu'alors, n'avait pu obtenir, en raison de sa cherté, qu'un écoulement plus restreint.

L'utilité de cette dernière publication a été d'ailleurs généralement sentie, et M. l'amiral baron de Mackau, ministre de la marine et des colonies, qui ne laisse passer aucune tentative vraiment importante sans encouragement et sans protection, a honoré de son patronage l'intéressant travail de M. Richard.

Nous sommes heureux, en ce qui nous concerne, d'avoir pu offrir au public quelques données sommaires sur la vie de ce grand mathématicien, dont on ignorait le lieu de la naissance, l'époque de la mort, et auquel la biographie universelle n'avait consacré qu'une seule ligne. Et cependant le nom de Mendoza avait une place à prendre parmi les plus illustres, à côté des Espinosa, des Bauzá, des Malespina, des Ferrer et des Navarrete, ses contemporains, qui rendaient à la navigation d'éclatants services, tandis qu'il enrichissait lui-même le monde savant de ses magnifiques travaux théoriques.

LISTE DES OUVRAGES DE MENDOZA.

Traité de navigation. Madrid, imprimerie royale, 2 vol. in-4°, 1787 (en espagnol).

Mémoires sur quelques méthodes nouvelles pour calculer la longitude au moyen des distances lunaires, et application de sa théorie à la solution d'autres problèmes de navigation. Madrid, imprimerie royale, 1 vol. in-fol. 1795 (en espagnol).

Recherches sur les solutions des principaux problèmes de l'astronomie nautique, lues à la Société royale de Londres. 1 vol. in-4°, Londres, 1797 (imprimé dans les Transactions de la Société royale, en français).

Collection de tables pour divers usages de la navigation et autres pour dégager de la parallaxe et de la réfraction les distances apparentes de la lune au soleil ou à une étoile. Madrid, imprimerie royale, 1 vol. in-fol. 1801 (en espagnol).

Collection complète de tables pour la navigation et l'astronomie nautique. 1 vol. in-fol. Londres, 1805. Deuxième édition, 1809.

C'est l'ouvrage que M. Richard vient de traduire et d'enrichir de notes.

On ne saurait d'ailleurs trop regretter que les manuscrits laissés, sans doute, par Mendoza n'aient point été imprimés.

NOTICE BIOGRAPHIQUE

SUR

DON MARTIN DE NAVARRETE.

La mort a récemment enlevé à l'Espagne un savant dont la carrière fut aussi longue que laborieuse, dont le nom et les grands travaux étaient devenus européens, qui unissait aux plus aimables qualités de l'homme privé, les facultés les plus éminentes et les plus diverses : nous voulons parler de M. de Navarrete, membre du conseil de S. M. Catholique, des Sociétés royales géographiques de Paris et de Londres, de l'Académie de Berlin, de celles de Stockholm et de Copenhague, directeur de l'Académie royale de l'histoire, président de l'Académie espagnole et de celle des Beaux-Arts de San Fernando à Madrid, membre de l'Institut royal de France, grand-cordon de l'ordre d'Isabelle et commandeur de l'ordre royal de la Légion d'honneur.

Don Martin Fernandez de Navarrete naquit le 9 novembre 1765, à Abalos, non loin de l'Èbre, dans la province de la Rioja ; sa famille, l'une des plus anciennes et des plus illustres du royaume de Navarre, avait déjà fourni à l'Espagne d'habiles hommes de guerre et des écrivains remarquables. A trois ans, Don Martin fut créé chevalier de Malte par son oncle maternel, alors grand-maître de l'ordre de Saint-Jean-de-Jérusalem. M. de Navarrete reçut, d'ailleurs, de son père les premiers éléments de la religion, de la grammaire, et surtout de la géographie, vers laquelle l'entraînait une vocation impatiente et précoce.

Il quitta, en 1774, la résidence paternelle d'Abalos, et se rendit dans la ville de Calahorra, où il s'adonna, avec une opiniâtre persévérance et les ressources d'une mémoire véritablement prodigieuse, à l'étude des langues anciennes; il entra ensuite (1778) au collége royal de Bergara, nom d'une ville devenue depuis célèbre, car ce fut dans ses murs que s'éteignirent, en 1839, les dernières flammes de la guerre civile.

Le collége de Bergara, si réputé quelques années après dans la Péninsule et dans l'Amérique espagnole, venait d'être fondé par la société des Provinces Basques, présidée par l'illustre comte de Peña-Florida. M. de Navarrete s'y perfectionna dans les connaissances classiques, les langues française et anglaise, les arts graphiques, le dessin, les sciences physiques et les mathématiques pures et appliquées; il y fut condisciple de Salazar, qui devint ministre de la marine, et s'y lia d'amitié avec plusieurs autres personnages auxquels la fortune réservait également un grand rôle dans la politique, les sciences et les lettres.

La tendance sérieuse de ses études n'excluait pas, chez le jeune Navarrete, un goût très-vif et, qui plus est, une aptitude remarquable pour les compositions littéraires : il obtint, en effet, à peine âgé de quatorze ans, un prix de poésie qui lui mérita les suffrages du célèbre fabuliste Iriarte.

Toutefois ce n'était qu'à titre de délassement que don Martin se permettait de rares incursions dans le frivole domaine des poëtes : tous ses soins et ses veilles, tous les efforts de sa mémoire et de sa pensée se concentraient sur la géométrie, l'algèbre et le calcul différentiel et intégral. Ses succès, dans ces diverses branches des sciences exactes, furent si rapides, que le ministre de la marine, marquis de Castejon, lui accorda, le 13 août 1780, à la sollicitation de ses parents, le brevet de garde du pavillon de la marine royale au port du Ferrol, en Galice.

Le moment, au reste, était des plus favorables pour le mé-
rite : l'Espagne se sentait revivre sous le règne glorieux de
Charles III, et la marine redevenait florissante et respectée,
grâce au patriotisme et au génie des Aranda, des Patiño, des
Ensenada, des Ulloa et des Jorje Juan.

A l'arrivée du jeune Navarrete au Ferrol, le commandant de
l'Académie des gardes-marines, Don Cipriano Vimercati, étonné
de ses talents et séduit par la douceur de son caractère, l'honora
de son amitié; Don Martin y contracta en outre une liaison du-
rable avec le capitaine de vaisseau Jovellanos et avec son frère
Gaspard, écrivain renommé, et qui devait, dans la suite, se distinguer d'une manière éclatante à l'assemblée des Cortès.

Après avoir soutenu très-brillamment des examens d'hydrographie et d'astronomie nautique, Navarrete fut embarqué sur
le vaisseau de ligne *el San Pablo;* ce navire ayant été réuni, le
4 juillet, à l'escadre commandée par l'amiral Cordoba, Navarrete eut ordre de passer sur le vaisseau *la Concepcion,* à bord
duquel il fit la campagne d'été sur les côtes d'Angleterre. En
janvier 1782, il fut chargé d'escorter un convoi considérable qui
faisait voile pour l'Amérique, et ce fut une bonne fortune pour
Navarrete, qui se trouva ainsi, durant plusieurs mois, près du
brave Mazarredo, major général de la division. Ce savant marin
lui montra les sympathies les plus vives; il s'appliqua à déve-
lopper ses connaissances nautiques, et l'exerça spécialement aux
observations de longitude.

Navarrete, au mois de juin, fit partie, à bord du *San Fernando,* de l'expédition franco-espagnole, qui, après avoir croisé
sur les côtes d'Angleterre, sur celles d'Irlande et dans le golfe
de Gascogne, réussit à s'emparer d'un convoi anglais qui se rendait au Canada. Là se bornèrent les succès de cette expédition,
et ce fut en vain qu'elle s'efforça d'en obtenir de plus complets.
L'escadre anglaise à laquelle elle donnait la chasse lui échappa,
grâce à la supériorité de marche de ses navires et à leur dou-

blage en cuivre, amélioration dont les bâtiments français et espagnols ne profitèrent que plus tard.

Rentrée à Cadix, dans les premiers jours de septembre, l'escadre en repartit le 9 pour Gibraltar, où elle concourut, avec les
batteries flottantes, à l'inutile attaque de cette place.

Navarrete, qui, en plusieurs occasions, avait donné les preuves
du plus brillant courage, montra cette fois que son humanité
ne le cédait pas à sa valeur : l'incendie s'étant déclaré à bord des
batteries, notre jeune aspirant, auquel se trouvait confié le commandement d'une chaloupe, prit une généreuse initiative et alla
recueillir, sous un feu terrible, les malheureux qui se noyaient.

Tout le monde a connu les causes de l'insuccès de l'attaque
tentée contre Gibraltar : ce ne fut ni le dévouement, ni l'intré-
pidité qui manquèrent aux assaillants, et tout porte à croire que
ce revers n'aurait point eu lieu sans la fatale inspiration des batteries flottantes, qui n'offrirent aucun des avantages qu'avait
fait espérer leur établissement.

Forcée de passer le détroit, l'escadre franco-espagnole engagea,
près du cap Espartel, un combat glorieux qui dura cinq heures,
mais qui fut également stérile : les navires anglais, favorisés par
l'obscurité et par la supériorité de leur construction, ayant
échappé, comme par miracle, à l'heure même où l'on se croyait
assuré de les anéantir.

Navarrete fut, à cette occasion, nommé lieutenant de frégate.
Lorsque le traité du 20 janvier 1783, entre l'Angleterre, la
France et l'Espagne, eut mis fin aux hostilités, il sollicita et
obtint un congé que l'état de sa santé rendait nécessaire, et il
parcourut les Provinces Basques. Il revint, au commencement
de l'hiver à Madrid, où l'attendait l'accueil le plus flatteur ; s'as-
socia à l'impulsion donnée aux travaux littéraires par Jovellanos et Iriarte, et contracta d'étroits rapports d'intimité avec le
célèbre auteur dramatique Moratin.

Dans les premiers jours de l'année suivante, Navarrete fut

attaché au port de Carthagène; il s'embarqua ensuite pour les Baléares, et partit pour Alger en 1785, à bord de l'escadre commandée par l'amiral Mazarredo. Cette escadre avait une double mission : faire à la mer des expériences touchant les améliorations à apporter à la construction des navires; opérer en même temps sur les côtes d'Afrique. Ce double but fut pleinement rempli. L'habile amiral Mazarredo obligea la régence barbaresque à signer une paix avantageuse à l'Espagne, et l'escadre rentra à Carthagène.

Don Martin, dont les circonstances semblaient se complaire à favoriser les grands talents et le dévouement modeste, fut appelé au grade d'adjudant de la compagnie des gardes-marines, et suivit, sous la direction du savant Ciscar, un cours de mathématiques pures, dans lequel il se distingua d'une manière si particulière, que ce succès lui valut l'épaulette de lieutenant de vaisseau.

Durant son séjour à Carthagène, non content de révéler ses puissantes facultés scientifiques par des dissertations devenues célèbres en Espagne, sur l'astronomie et la physique, il enrichit de productions légères plusieurs recueils poétiques, et notamment *le Censeur,* placé sous le patronage éclairé du comte de Florida-Blanca.

Il fit imprimer, en 1786, dans le *Mémorial littéraire,* l'éloge du comte de Peña-Florida, fondateur de la Société des Provinces Basques et du collége de Bergara, morceau plein de convenance, de charme et d'éclat.

Sa santé, rendue déjà chancelante par ses premières expéditions, s'étant altérée profondément à la suite de nouvelles campagnes maritimes, Navarrete fut, en 1789, autorisé à se rendre dans sa famille.

Le 15 octobre de la même année, un ordre royal lui enjoignit de visiter les archives de Simancas, de l'Escurial et de Séville; d'y recueillir tous les manuscrits et documents relatifs à la marine, afin de les réunir, de les coordonner avec soin, et d'en

tirer les éléments d'une bibliothèque et d'un musée maritimes,
que le gouvernement espagnol avait l'intention de fonder dans
l'île de Léon, près de Cadix.

En effet, l'exemple donné par Ferdinand VI et par Charles III
n'avait point été perdu pour leur successeur. Une féconde impulsion fut, à cette époque, imprimée aux études littéraires;
on voulut essayer de reconstruire l'histoire scientifique de l'Espagne avec des débris négligés, et l'ordre donné à Navarrete
et à Muñoz, touchant l'intérieur de l'Espagne, coïncida avec les
instructions qu'avait reçues l'illustre Mendoza, pour recueillir en
France et en Angleterre des matériaux identiques.

Navarrete cessa dès lors d'appartenir à la vie agitée et aventureuse du marin. Il fallait à cet esprit studieux, profond et ré-
fléchi, un théâtre plus tranquille; la science occupa seule tous
ses instants. Il quitta en 1790 la petite ville d'Abalos, où il était
né, afin d'aller se fixer à Madrid, se séparant, avec un pressenti-
ment douloureux, de ses parents, qu'il ne devait plus revoir en ce
monde, et qui moururent sans soupçonner les talents supérieurs
de leur fils, et la haute réputation que l'avenir lui réservait.

Navarrete, après avoir pris les ordres de Don Antonio Valdès,
ministre de la marine, commença ses investigations par la bibliothèque de Madrid, et les archives de quelques grandes familles et de plusieurs couvents, dans lesquels se conservaient
des manuscrits de la plus grande valeur : nous nous bornerons
à citer la collection des marquis de Santa-Crúz et de Villa-
Franca; celles des ducs d'Albe, de Medina-Sidonia et de l'Infantado, ainsi que la bibliothèque royale de Saint-Isidore de Madrid,
où les membres les plus instruits de la Société de Jésus avaient
réuni avec le soin le plus persévérant des documents précieux
pour la science astronomique. Les recherches que Navarrete
exécuta à l'Escurial et dans divers autres établissements, pour
le compte de l'Académie royale de l'histoire, le firent admettre
à 26 ans dans cette corporation savante. L'Académie des beaux-

arts de San Fernando lui accorda la même distinction. Ce fut,
au reste, en visitant les archives du duc de l'Infantado que Navarrete découvrit la relation originale des journaux manuscrits
de Christophe Colomb, dont Muñoz devait se servir plus tard
pour écrire un premier volume de l'histoire du Nouveau-Monde.

M. Buache, géographe du Roi, avait lu à l'Académie des
sciences de Paris un mémoire relatif à la prétendue découverte
du détroit d'Anian par Maldonado : ce dernier avait assuré que
ce détroit mettait la Mer Pacifique en communication avec
l'Atlantique; Navarrete ne laissa point accréditer une telle as-
sertion; il démontra victorieusement que la relation de Maldonado était apocryphe, et fournit, à cette occasion, des renseignements et des itinéraires devenus la base des instructions qui
guidèrent le célèbre Malespina dans son voyage autour du
monde, particulièrement pour l'examen de la côte d'Amérique
au nord des Californies, jusqu'au détroit de Behring.

Après avoir visité les bibliothèques de Castille, Don Martin
partit pour Séville, où il soumit à un examen laborieux les archives générales des Indes, si riches en matériaux sur l'histoire
de la navigation et sur les découvertes des marins et des aventuriers espagnols. Mais il interrompit volontairement ces importantes recherches. L'Espagne, dominée par de puissantes consi-
dérations politiques, avait déclaré la guerre à cette même Répu-
blique française, qu'elle devait être conduite à reconnaître formellement peu d'années après. Don Martin, ne voulant pas d'un
rôle inactif au moment où le pays avait besoin de tous ses dé-
fenseurs, redevint soldat et monta à bord du vaisseau *la Concepcion*, en qualité d'adjudant d'état-major de l'amiral Langara.

Il fit la campagne sur les côtes du Roussillon, assista aux inutiles attaques de Collioure et de Port-Vendres, et se trouva de-
vant Toulon à l'heure où cette ville, livrée par la trahison et par
la faiblesse, ouvrait ses portes aux escadres combinées de l'Espagne et de l'Angleterre.

Ici encore se révéla la générosité du caractère espagnol. Chacun sait qu'en apprenant l'arrivée de l'armée républicaine sur Toulon, les habitants de cette ville, femmes, enfants et vieillards, appréhendant un châtiment terrible, s'entassèrent pêle-mêle dans des chaloupes, et allèrent implorer un refuge des chefs de l'escadre anglaise. Vain espoir! Les Anglais se montrent insensibles aux supplications déchirantes, aux cris de désespoir de ces infortunés. C'est alors que l'amiral espagnol Lángara, faisant honte à ses alliés, recueillit à bord de ses navires cette population malheureuse.

En raison de sa noble conduite en cette circonstance, Navarrete fut chargé de porter à la cour d'Espagne, résidant alors dans les ravissants domaines de Saint-Ildefonse, un compte détaillé des événements. Il obtint, en outre, le grade de capitaine de frégate, et l'emploi de premier aide de camp secrétaire général de l'escadre. Ses occupations se trouvaient alors tellement multiples que, pour y suffire, il fallait réunir de toute nécessité à la facilité la plus étonnante, une connaissance approfondie de toutes les affaires politiques et une activité prodigieuse. En effet, Don Martin avait à entretenir à la fois des correspondances diplomatiques et militaires suivies avec les ministre de la marine et des affaires étrangères de sa nation, avec l'escadre anglaise, le roi de Sardaigne, divers princes d'Italie et plusieurs émigrés français de haute distinction.

La prise de Toulon par ce jeune officier d'artillerie, encore obscur, qu'attendaient les merveilles des campagnes d'Égypte et d'Italie et la couronne de Charlemagne, décida le retour des forces espagnoles à Carthagène.

L'année suivante, Don Martin fit partie de l'expédition qui alla prendre l'infante de Parme à Livourne ; il revint à Cadix à la fin de septembre 1794 ; se rendit de nouveau à Séville, vérifia les travaux exécutés en son absence par ses subordonnés, et rejoignit au commencement de janvier, au port de Rosas, l'amiral

Lángara, qui protégeait par sa croisière les côtes de la Catalogne.

Après la cessation des hostilités, qu'amena la paix de Bâle (22 juillet 1795), Navarrete retourna à Madrid et fut nommé secrétaire particulier de Lángara, que la confiance du roi Charles IV venait d'appeler au département de la marine.

C'est alors que cessa irrévocablement la carrière active de Navarrete. L'administration lui dut d'importantes réformes, de nécessaires perfectionnements. Indépendamment de l'impulsion qu'il sut imprimer à l'organisation de la marine, il contribua au développement des sciences nautiques et à l'établissement de la direction hydrographique, qui devait acquérir, par de magnifiques travaux, une illustration européenne.

Nous avons eu l'occasion de faire remarquer déjà que des goûts littéraires s'unissaient, chez Don Martin, à une aptitude extraordinaire pour les sciences exactes, et qu'il se distingua comme écrivain par les qualités les plus aimables.

De brillants opuscules l'ayant fait entrer en 1780 à l'Académie royale de l'histoire, il commença à rassembler les données indispensables pour écrire la vie si bizarrement incidentée de l'immortel auteur du Don Quichotte.

En 1807, le prince de la Paix, alors généralissime, institua un tribunal suprême de l'amirauté, et eut la judicieuse inspiration de nommer Navarrete membre rapporteur de cette création nouvelle. Tous les travaux importants qu'elle accomplit furent confiés à Don Martin, qui les exécuta avec son habilité ordinaire et un remarquable discernement.

Cependant l'invasion française avait eu lieu. D'immenses changements avaient bouleversé la Péninsule; Ferdinand VII était retenu captif en France, tandis que Joseph Bónaparte ceignait à Madrid la fragile couronne de Charles IV. M. de Navarrete était trop renommé dans la science, pour que le nouveau Gouvernement n'attachât pas un grand prix à son adhésion et à ses services. aussi M. de Mazarredo, ministre de la marine du roi Joseph, lui écrivit-il officiellement, le 22 juillet 1808, une lettre des plus honorables, l'engageant à continuer ses fonctions au conseil de l'amirauté, et à prêter serment au nouvel état de choses.

Le refus de Navarrete fut ce qu'il devait être, noble et simple. Il répondit que ses antécédents ni ses principes ne lui permettaient de reconnaître un Gouvernement contre lequel une grande partie de la nation protestait à main armée, mais qu'il consentait toutefois à demeurer en dehors des événements, après avoir renoncé à tous ses emplois. Il refusa le titre de conseiller d'État et d'intendant de la marine qui lui furent offerts, et ce ne fut pas sans d'instantes prières que Mazarredo, son ami, obtint qu'il continuât à professer quelques cours de mathématiques transcendantes au collége royal de Saint-Isidore, bien que ces fonctions purement scientifiques pussent s'allier avec les convictions politiques auxquelles il n'hésita point à sacrifier à cette époque ses grades et toute sa fortune.

Navarrete publia en 1810 un travail fort intéressant sur les voyages de circumnavigation. Il semblait que l'existence, volontairement obscure et inoffensive, au sein de laquelle il s'était réfugié depuis les derniers bouleversements politiques, aurait dû le mettre à l'abri des outrages et des persécutions : il n'en fut pas ainsi, et ses ennemis prirent soin de justifier dans sa personne la vérité du proverbe arabe : « On ne jette des pierres qu'aux arbres chargés de fruits. » Sa sûreté personnelle fut même un instant compromise, et il fut heureux de pouvoir quitter précipitamment la capitale, à la fin de 1812, et de se retirer à Séville, puis à Cadix, où il resta jusqu'en 1814.

Le retour de Ferdinand VII, à cette époque, rappela Navarrete à Madrid. Remarquons, avant de passer outre, que, pendant le séjour de Don Martin à Cadix, la régence du royaume l'avait chargé de recueillir les noms de tous les historiens espagnols qui avaient écrit sur la marine depuis 1750, et qu'il s'acquitta minutieusement de cette tâche laborieuse.

Il demanda et obtint, à la fin de 1814, sa retraite comme conseiller de l'amirauté. Déchargé, de la sorte, du poids des devoirs administratifs, il se livra sans partage à l'étude. En 1815, il rédigea, sur la demande de l'Académie espagnole, un traité complet d'orthologie et d'orthographe, et lut à l'Académie de l'histoire une dissertation du plus haut intérêt sur la part prise par les Espagnols aux guerres religieuses de la Palestine, et sur l'influence qu'exercèrent ces expéditions pieuses et chevaleresques, depuis le xie jusqu'au xiiie siècle, sur l'extension du commerce maritime et sur les progrès de la navigation.

L'auteur si distingué de l'Histoire des croisades, M. Michaud, n'a pas manqué de citer avec éloges ce savant travail.

Mais l'une des œuvres de prédilection de Navarrete, et l'un de ses principaux titres à la renommée littéraire, fut l'Histoire de Michel Cervantes, dont il s'occupait depuis un grand nombre d'années. Ce n'est pas seulement, en effet, par les grâces de la forme et le talent d'exposition que ce livre se recommande à l'attention et aux suffrages : c'est surtout par la peinture fidèle, vivante, pour ainsi dire, des expéditions grandioses entreprises par les Espagnols au xvie siècle, de leurs luttes héroïques contre l'islamisme ; des guerres acharnées de Flandre et d'Italie ; peinture où l'on retrouve tous les sentiments énergiques, tout le caractère aventureux et brillant dont étaient alors empreintes les mœurs de la Péninsule.

Les fonctions que Don Martin remplit à partir de cette époque jusqu'en 1823 furent purement honorifiques. Il fit partie des commissions de la marine, de l'instruction publique, de l'Académie nationale décrétée par les Cortès, et entretint des relations épistolaires avec les principaux savants de l'Europe. La correspondance scientifique du baron de Zach fut enrichie par les mémoires de Navarrete, sur la géographie, l'astronomie et l'art nautique. De toutes parts on recherchait les conseils de son expérience, la coopération de son talent. Le ministre de la

marine du roi Ferdinand, Don Luíz de Salazar, ancien condi-
disciple et constant ami de Don Martin, ne fut pas le dernier
à mettre à profit ses immenses connaissances. Il le contraignit,
en quelque sorte, à entrer de nouveau au conseil de l'amirauté,
et le nomma directeur du dépôt hydrographique.

Nous voici arrivé, du reste, à la période la plus marquante
de la vie scientifique de Navarrete, celle où parut le précieux
ouvrage qui suffirait, à lui seul, à illustrer son souvenir; nous
voulons parler de la Collection des voyages et des découvertes
effectués par les Espagnols, depuis la fin du xvᵉ siècle, et des
documents relatifs à leur marine, ainsi qu'à leurs établissements dans les Indes.

Cet admirable livre comprend non-seulement les quatre expéditions de Christophe Colomb, les voyages de Magellan et
d'Elcano qui, le premier, fit le tour du monde, ceux de Loysa,
d'Améric Vespucio, de Grijalva, etc., mais il renferme, en
outre, une série de pièces diplomatiques de la plus haute valeur
et de l'intérêt le plus puissant. Ces pièces, en effet, jetèrent un
nouveau jour sur les temps glorieux de Christophe Colomb et
de Léon X; sur la fin du xvᵉ siècle, où l'on vit surgir, à la fois,
les importantes découvertes des Catalans et celles dont la science
fut redevable à l'Académie de marine fondée à Sagres par l'illustre
infant Don Henri de Portugal. Elles ne laissent plus subsister enfin aucune obscurité historique concernant les règnes mémo-
rables des Rois Catholiques, Ferdinand et Isabelle, qui, dans une
même année, anéantirent, en Espagne, la souveraineté musul-
mane, et donnèrent un nouveau monde à la puissante couronne de Castille.

Il serait superflu de rapporter ici les éloges dont les savants étrangers ont honoré cette grande publication. Dans son
Essai sur la géographie du nouveau continent, M. de Humboldt
lui a rendu le plus éclatant témoignage, et deux des plus célèbres écrivains des États-Unis, MM. Wasinghton Irving et Prescott,

ont eu, plus d'une fois, recours aux renseignements contenus
dans l'ouvrage de Navarrete, pour écrire, l'un, la vie de Christophe Colomb, l'autre, celle des Rois Catholiques.

En France, M. Chaucheprat, secrétaire du conseil d'amirauté,
auquel est due la traduction du Routier des Antilles; MM. de la
Roquette, de Verneuil, Berthelot et l'auteur de cette notice, se
sont efforcés, à diverses reprises, à l'aide de traductions, de po-
pulariser en France ces beaux ouvrages.

Qu'il nous soit permis, d'ailleurs, de nous féliciter d'avoir
été le premier à faire connaître exactement la nature et le nombre
des travaux de M. de Navarrete. Si ce n'eût été un humble hommage au savant, c'eût été un fervent témoignage, un tribut public
de reconnaissance pour une amitié bienveillante, dont nous con-
servons, avec bonheur, les marques et le souvenir.

En 1839, M. l'amiral baron Duperré, alors ministre de la marine, et protecteur non moins éclairé et non moins actif que son
successeur de tout ce qui peut intéresser la gloire et les intérêts de
la marine, fit publier par son département ce travail, dont nous
avions recueilli les données dans l'intimité de M. de Navarrete,
alors que nous nous trouvions Attaché à l'ambassade de France
à Madrid[1].

Le gouvernement espagnol, malgré les agitations politiques
dont il fut assailli, presque sans relâche, ne se méprit jamais
sur la valeur et sur la haute portée des travaux de M. de Navarrete; aussi les fit-il exécuter à ses frais, à l'imprimerie royale
de Madrid.

La collection se compose, jusqu'à présent, de 5 gros volumes,
mais elle ne tardera pas à être augmentée, et nous sommes
heureux d'apprendre à nos lecteurs que M. de Navarrete en a

---

[1] *Recherches sur les progrès de l'astronomie et des sciences nautiques en
Espagne,* extraites des ouvrages espagnols de Don Martin de Navarrete, directeur du dépôt hydrographique de Madrid, par M. D. de Mofras, Attaché à
l'Ambassade de France en Espagne. In-4°, Paris. Imprimerie royale, 1839.

laissé deux autres manuscrits, complétement terminés, et prêts
à être livrés à l'impression.

Lors de la mort du roi Ferdinand, en 1834, Don Martin fut
nommé président de la section de marine, au conseil royal
d'Espagne et des Indes, conseiller d'État, pair du royaume, et
dans la suite il représenta constamment au Sénat la province
de Logroño. L'Académie espagnole et l'Académie de l'histoire
le conservèrent toujours pour leur président, et l'impulsion que,
puissamment aidé par MM. Conde, Toreno, Miraflores, Gon-
zalez d'Arnao et Martinez de la Rosa, il donna aux travaux littéraires de ces assemblées savantes, accrut remarquablement et
leur influence et leur éclat.

Les dix dernières années de sa vie se partagèrent entre des
occupations de science, de littérature et de politique. D'honorables distinctions couronnèrent sa vieillesse, si laborieuse et si
sereine. En 1840, M. le maréchal duc de Dalmatie, président
du conseil, sur la demande de son collègue M. l'amiral Duperré,
obtint du Roi, le 4 janvier, la nomination de M. de Navarrete au
grade de commandeur de l'ordre royal de la Légion d'honneur,
et en 1842, le 15 janvier, l'Institut de France, sur le rapport
du savant M. Mignet, l'admit au nombre de ses membres, dans
la section d'histoire de l'Académie des sciences morales et politiques, et lui accorda ainsi le plus grand honneur qu'elle puisse
faire à un étranger.

Jusqu'à ses derniers moments, il conserva, malgré son grand
âge, ses habitudes actives de travail et son culte passionné pour
la science. Strict observateur de ses devoirs, il assistait aux
séances du Sénat, des Académies espagnole, des beaux-arts et
de l'histoire, du dépôt hydrographique, du conseil d'amirauté
et de plusieurs autres corps scientifiques, ranimés par sa pré-
sence, avec une exactitude que ne purent mettre en défaut ni
l'affaiblissement né de la vieillesse, ni les rigueurs des plus froids
hivers de la Castille.

Ce fut en s'acquittant aussi scrupuleusement de ces diverses obligations, qu'il contracta les germes d'un catarrhe chronique dont il mourut à Madrid, à l'âge de 80 ans, le 8 octobre 1844, entouré des soins de sa famille, de la sollicitude de ses nombreux amis et des regrets de l'Espagne entière. Nous eûmes la triste consolation de le voir la veille de ce jour funeste, et nous fûmes frappé de la netteté de son jugement, de la plénitude de ses facultés et de la pieuse résignation avec laquelle il vit s'entr'ouvrir sa tombe. La dévotion de M. de Navarrete était ardente, et pour ainsi dire héréditaire. Sa famille s'était toujours distinguée par la ferveur de ses sentiments religieux. Son oncle avait été grand-maître de l'ordre de Jérusalem, et son frère, vivant encore, est archidiacre de l'archevêché de Saragosse.

M. de Navarrete s'était marié à Murcie, en 1797, à Doña Manuela de Páz, de l'une des premières familles du royaume de Valence. Il laisse deux filles et un fils. Disons maintenant qu'en M. de Navarrete se retrouvait l'alliance si rare d'un talent supérieur, d'une probité sévère, d'un désintéressement extrême et d'une séduisante aménité. Il aimait les jeunes gens, les guidait par de sages conseils, et en était vénéré. Sa science était un patrimoine commun, sa conversation une mine d'or dont il se plaisait à répandre à profusion les richesses, et nous nous rappellerons toujours les précieux renseignements qu'il nous donna sur l'Amérique, à la veille du voyage de trois années que nous entreprîmes pour visiter le territoire de l'Orégon, les Californies et les côtes de la Mer Vermeille [1].

Nous sommes d'ailleurs heureux d'annoncer que, par une déci-

---

[1] *Exploration du territoire de l'Orégon, des Californies et de la Mer Vermeille,* exécutée pendant les années 1840, 1841 et 1842, par M. de Mofras, Attaché à la Légation de France à Mexico ; ouvrage publié par ordre du Roi, sous les auspices de M. le maréchal duc de Dalmatie, président du conseil, et de M. le ministre des Affaires Étrangères. 2 vol. grand in-8° et atlas in-fol. Paris, 1844-1845.

sion de M. Armero, ministre de la marine de S. M. C., tous les papiers de M. de Navarrete doivent être examinés et triés avec le plus grand soin (pour être imprimés) par une commission dont font partie MM. Antoine et Eustache de Navarrete, fils et petit-fils du défunt.

Indépendamment des 2 volumes manuscrits de la Collection des voyages de découvertes, qui font suite à ceux déjà publiés, il existe au dépôt hydrographique de Madrid, sous le double titre de *Bibliothèque maritime espagnole* et d'*Histoire des arts et des sciences nautiques,* un ouvrage terminé, dont M. de Navarrete avait bien voulu nous donner communication, et auquel il travaillait depuis plus de 5o années.

N'omettons pas non plus de citer la Collection de documents inédits sur l'histoire d'Espagne, dont 4 volumes furent imprimés pendant sa vie, et qu'il rédigea en collaboration avec deux membres très-distingués des Académies de Madrid, MM. Baranda et Salvá.

On ne sera pas étonné d'apprendre, sans doute, que l'homme qui fut l'intime ami de Moratin, de Melendez, d'Iriarte et de Jovellanos, ait composé des volumes de littérature et de poésie pleins de distinction et de grâce.

La mort de Don Martin de Navarrete a laissé dans la société savante d'Espagne un vide bien difficile à remplir. Il était, en effet, le dernier de cette grande famille d'astronomes et de navigateurs espagnols qui commence aux Ulloa et aux Jorje Juan, compagnons des La Condamine et des Bouguer, et qui se termine par les Malespina, les Espinosa, les Ferrer, les Bauzá, les Valdès, les Gravina, les Mendoza, tous noms illustres que les amiraux et les savants français ont souvent trouvés réunis aux leurs, au milieu des périls des champs de bataille comme dans l'arène plus pacifique, mais non moins glorieuse, des sciences.

LISTE DES OUVRAGES IMPRIMÉS ET MANUSCRITS DE NAVARRETE.

(Ils ont tous été écrits en langue espagnole.)

OUVRAGES IMPRIMÉS.

Éloge historique du comte de Peña-Florida. Madrid, 1786.

Discours sur l'économie politique. Madrid, 1791.

Examen de la rélation de Lorenzo Ferrer Maldonado sur la découverte du détroit d'Anian en 1588, et historique des principales expéditions envoyées à la recherche de la communication entre l'Océan Atlantique et la mer du Sud. Madrid, 1800.

Discours historique sur les progrès qu'a faits en Espagne l'art de la navigation. Madrid, 1802.

Notice historique sur les expéditions faites par les Espagnols pour trouver le passage du Nord-Ouest, servant d'introduction au voyage de Valdès et d'Alcala Galiano. 1 vol. in-8°, Madrid, imprimerie royale, 1802.

Discours adressé, au nom de l'Académie de l'histoire, au roi Ferdinand VII à son entrée à Madrid. Madrid, 1814.

Réflexions sur l'utilité pour la marine d'exploiter les forêts de Segura de la Sierra. Madrid, 1811. — Réimprimé par ordre en 1825.

Traité d'orthographe et d'orthologie de la langue castillane, rédigé par ordre de l'Académie espagnole. Madrid, 1815, et diverses réimpressions.

Dissertation historique sur la part que les Espagnols prirent aux Croisades et aux guerres d'outre-mer, et examen de l'influence de ces expéditions sur les progrès du commerce maritime et de l'art de naviguer. 1 vol. in-8°, Madrid, 1832.

Vie de Miguel Cervantes Saavedra, enrichie de notes et de documents inédits, formant un tableau de la littérature du xvi° siècle. Cette vie de Cervantes fut écrite pour servir d'introduction à l'édition du Don Quichotte faite par l'Académie espagnole. 1 vol. in-8°, 1835, Madrid et Barcelone.

Correspondance astronomique et hydrographique, imprimée dans la Collection du baron de Zach.

Vie des principaux navigateurs espagnols : le cosmographe Santa-Crúz, Jorje Juan, Taboada, Sébastien d'Elcano, Magellan, les amiraux Lezo et Gaztañeta, les littérateurs Cadahalso, Iriarte, Garcilaso, Melendez, Llorente, Moratin, et autres personnages célèbres.

Collection des voyages et découvertes des Espagnols depuis la fin du xv° siècle. 5 vol. in-4°, 1827-1835. Madrid, imprimerie royale.

OUVRAGES MANUSCRITS.

Volumes VI et VII de la Collection des voyages.
Histoire de la navigation et des sciences mathématiques qui s'y rattachent.
Deux volumes de poésies diverses.
Examen de l'expédition des Espagnols contre Alger en 1784.
Discours sur la formation et les progrès philologiques de la langue castillane.
Collection de mémoires, rapports, informations, etc., relatifs à la marine.
Bibliothèque maritime espagnole.

Nous avons déjà fait espérer que, grâce au zèle de sa famille et aux soins éclairés du gouvernement espagnol, ces ouvrages de Navarrete, si précieux pour le monde savant, pourront être livrés prochainement à l'impression.

Nous croyons utile, pour compléter nos renseignements sur Navarrete, de réimprimer ici le travail que nous avons déjà cité dans le cours de cette notice.

D. DE M.

Paris, août 1845.

RECHERCHES HISTORIQUES

SUR LES

PROGRÈS DE L'ASTRONOMIE

ET DES SCIENCES NAUTIQUES

EN ESPAGNE,

EXTRAITES DES OUVRAGES ESPAGNOLS

DE DON MARTIN FERNANDEZ DE NAVARRETE,

DIRECTEUR DU DÉPÔT HYDROGRAPHIQUE DE MADRID,

PAR M. D. DE MOFRAS,

ATTACHÉ À L'AMBASSADE DE FRANCE EN ESPAGNE.

Les progrès qu'a faits en Espagne l'art de la navigation,
les avantages qu'elle a retirés de l'étude et de l'application
des sciences nautiques et astronomiques, forment un sujet
aussi curieux qu'intéressant pour les nations éclairées. Un
ancien officier de marine a déjà traité cette matière dans un
discours publié en 1802. Il nous a paru convenable de la
traiter encore, en ajoutant les nouveaux renseignements qui
ont pu être recueillis, et nous espérons qu'on nous saura gré
de faire connaître la gloire que savait acquérir la marine
espagnole, lorsqu'elle cultivait les sciences, en même temps
qu'elle découvrait des mers et des régions inconnues, et se

5

faisait respecter de toutes parts par la valeur de ses armes sur terre et sur mer.

On sait que les premiers navigateurs suivirent dans leurs voyages la direction des côtes ; qu'ils ne perdaient pas la terre de vue, et qu'ils ne voguaient que pendant le jour. Les Phéniciens reçurent des Chaldéens les notions élémentaires de l'astronomie, les appliquèrent à la navigation, et enseignèrent aux habitants de Cadix la méthode pour observer les étoiles circumpolaires et en déduire la connaissance du nord du monde. Ils n'avaient sur les vents que des idées très-inexactes, car du temps d'Homère ils ne distinguaient que les quatre principaux. Quoique, plus tard, ils divisèrent l'horizon en huit, douze et même quatre-vingts rumbs, cette division leur était d'une bien faible utilité, puisqu'ils ignoraient encore la direction de l'aimant vers le pôle nord, et la manière de le faire servir de guide aux marins. Leur ignorance, relativement aux marées, était plus grande encore. Pythéas de Marseille fut le premier qui entrevit qu'elles avaient quelque rapport avec les mouvements de la lune. Lorsque Alexandre le Grand arriva avec sa flotte à l'embouchure de l'Indus, ses soldats restèrent émerveillés de voir les campagnes environnantes inondées par le flux de la mer.

Les Espagnols de la côte d'Andalousie devinrent aussi célèbres dans l'art de naviguer que les Phéniciens, les Carthaginois, les Grecs et les Romains, avec lesquels ils étaient sans cesse en relation. Ils visitaient les côtes septentrionales de l'Océan et celles de l'ouest de l'Afrique. Leurs pêcheries étaient fort renommées, ainsi que les chantiers de construction qu'ils avaient à Cadix ; aussi furent-ils les alliés les plus utiles des Carthaginois dans les fameuses expéditions de Hi-

milcon et de Hannon. Ils connaissaient les bons mouillages
et les havres des côtes qu'ils fréquentaient, et se servaient
de la sonde pour reconnaître la profondeur de la mer ; ils
emmenaient toujours avec eux des pilotes espagnols qui leur
rendaient de très-grands services. Les Romains firent peu
de progrès dans la navigation, car ils ne se livraient au ca-
botage que pendant l'été, depuis la fin de mai jusqu'au milieu de septembre, croyant qu'il était impossible de naviguer
dans l'hiver, et très-périlleux de prendre la mer pendant le
printemps ou l'automne. Quand ils allaient dans certaines
contrées, ils emportaient des oiseaux, qu'ils lâchaient lorsque
le ciel, chargé de nuages, les empêchait d'observer les astres.
Le vol de ces oiseaux leur indiquait la direction de la terre
et leur servait de guide pour leur route.

C'est en vain qu'on chercherait les progrès de l'art nautique chez les Goths et les Arabes ; bien que ceux-ci culti-
vassent avec succès l'astronomie et les sciences, qu'ils eussent traduit les ouvrages classiques de l'antiquité, et qu'ils en
eussent même écrit d'originaux, ils firent très-peu d'applications de leurs découvertes à la pratique des arts. Aussi
sommes-nous obligés de remonter jusqu'au xiiie siècle, pour
trouver un grand développement dans la navigation. A cette
époque l'usage de l'aiguille aimantée était fort répandu en
Espagne, en France, en Italie et parmi les autres nations
qui avaient pris part aux croisades d'Asie [1]. Peut-être cette
admirable invention fut-elle apportée de la Chine par les
Arabes qui trafiquaient dans la Mer Rouge, le Golfe Persique
et les mers de l'Inde. Des perfectionnements furent intro-
duits dans la construction de la boussole par Flavio Gioja,

[1] Voyez Navarrete. *Disertacion histórica sobre la parte que tuvieron los Españoles en las guerras de últramar ó de las Cruzadas.* (Madrid, 1816, page 168.)

d'Amalfi, port du royaume de Naples ; et il est probable que c'est à la confiance inspirée par cet instrument que l'on doit les navigations que fit le Catalan Jaime Ferrer jusqu'à la rivière de l'Or, sur la côte d'Afrique, en 1346, bien que déjà, en 1213, les Espagnols de la côte d'Andalousie fussent en relation avec Tombouctou, ville située sur un bras du Niger. On sait quels rapports fréquents les Espagnols avaient avec toute la côte nord de l'Afrique. En novembre 1274, le roi de Maroc et de Fez vint à Barcelone signer un traité de paix avec Jacques Ier, roi d'Aragon [1].

A la fin du XIVe siècle, et sous la protection de Henri III, quelques Andalous et des aventuriers de Biscaye et de Guipuzcoa armèrent à Séville cinq navires, et reconnurent une grande partie de la côte d'Afrique et des îles Canaries, qui furent bientôt soumises à la couronne de Castille.

L'infant Don Henri de Portugal fut un de ceux qui favorisèrent le plus les progrès des sciences nautiques. Il établit à Sagres une académie pour encourager l'étude des mathématiques, et leur application à l'astronomie, à la géographie et à la navigation. Sagres, petite ville fortifiée des Algarves, et qui n'a aujourd'hui que 300 habitants, est située sur une presqu'île, à une lieue environ dans l'E. S. E. du cap Saint-Vincent. En 1416, lorsque le prince Don Henri y fonda la célèbre Académie de marine, elle prit les noms de *Terza naval* ou *Villa del Infante*; mais celui de Sagres a prévalu. Depuis l'année 1419 jusqu'en 1460, époque de sa mort, on avait déjà exploré la côte occidentale de l'Afrique, depuis le cap Bojador jusqu'à Sierra-Leone et quelques groupes

---

[1] Voyez : *Antiguos tratados de paces y alianzas entre los reyes de Aragon y los principes infieles de Asia y Africa, etc.*, par Capmany. (Madrid, 1786, pages 1 et 106.)

d'îles. Le prince avait réuni pour cette académie les pilotes
et les mathématiciens les plus illustres, et il avait nommé
président le savant maître Jaime de Mayorque, qui était
chargé de l'instruction des officiers portugais. De ses travaux, il résulta un perfectionnement sensible dans le tracé
des cartes plates ; mais ce n'est pas au pilote mayorquain
que l'on doit en attribuer l'invention, ainsi que quelques
auteurs l'ont cru.

En effet, les navigateurs espagnols, et surtout les catalans
et ceux des îles Baléares, se servaient de ces cartes dans
le xiiie siècle, et les ordonnances de la marine aragonaise
du xive siècle prescrivent aux vaisseaux de les avoir à bord.
L'époque de l'invention et de l'usage des cartes est inconnue. Le Mayorcain Raymond Lulle en fait mention dans
son *Fenix de las maravillas del orbe*, écrit vers 1286. Dans les
comptes du roi Don Jaime II d'Aragon, en 1323, on trouve
une dépense de 25 sous barcelonais, pour achat d'un *libre
de navegar*, et, en 1410, le roi Don Martin laissa en mou-
rant plusieurs livres sur les vaisseaux, les cartes marines, et
un, entre autres, intitulé : *Libre de la ordenazió de la mar.*

En 1340 et en 1354, le roi d'Aragon Don Pedro IV fit
écrire, par l'amiral Don Bernardo de Cabrera, les *Ordenanzas
de las armadas navales de la corona de Aragon*, imprimées par
Capmany, à Madrid, en 1787, avec ses excellents ouvrages
intitulés : *Memorias históricas de la marina y comercio antiguo
de Barcelona.*

La Bibliothèque royale de Paris possède un précieux atlas
en langue catalane, de l'année 1374.

La lenteur avec laquelle se faisaient les découvertes sur
la côte d'Afrique, et les erreurs d'une navigation d'estime
si inexacte, furent cause des efforts que fit le roi Don Juan II

de Portugal, pour trouver dans les sciences des moyens de donner plus de précision et de certitude aux voyages maritimes. Il réunit pour cela ses deux médecins, maître Rodrigo, maître Joseph, juif, et Don Martin de Behem, célèbre astronome; de leurs conférences résulta l'application de l'astrolabe à la navigation. A l'aide de cet instrument, un marin peut observer la hauteur du soleil, connaître la distance où il se trouve de l'équateur, ou, ce qui est la même chose, déterminer la latitude du lieu. Ces savants construisirent aussi des tables de déclinaison, comme celles employées de nos jours, sinon qu'elles sont plus perfectionnées. L'influence de cette invention fut aussi rapide qu'admirable. Les pilotes, délivrés du soin de suivre les côtes, se lancèrent hardiment en pleine mer, se fiant à la connaissance de la route et de la position que leur donnaient la boussole et l'astrolabe.

Alors les marins purent pousser leurs reconnaissances sur la côte d'Afrique, jusqu'à doubler le cap de Bonne-Espérance, et ils découvrirent les mers orientales de l'Inde, pendant que Christophe Colomb, la cherchant par l'occident, trouva un nouveau monde, des îles et des mers inconnues jusqu'alors[1]. Dans son premier voyage il observa les variations de l'aiguille aimantée, phénomène dont la nouveauté surprit et effraya même les pilotes et les matelots; car il leur fit juger comme inutile et même dangereux l'usage de la boussole. Les voyages fréquents, les expériences et les observations continuelles donnèrent une nouvelle connaissance des courants, des vents et des marées, et perfectionnèrent ainsi l'art nautique et l'hydrographie.

---

[1] Voyez Navarrete. *Coleccion de los viajes y descubrimientos de los Españoles*, etc. Les tomes 1 et 2 renferment les quatre voyages de Christophe Colomb, et les détails les plus précieux sur la vie et la mort de ce grand homme.

En même temps on cultivait avec ardeur, en Espagne, l'étude des mathématiques, soit dans les meilleures universités, soit dans les chaires qui s'établirent dans la maison de la *Contratacion,* à Séville. Cette maison était un établissement royal qui avait le monopole et la direction des relations commerciales et maritimes de l'Espagne avec les Indes orientales et occidentales.

On fit les plus utiles applications, non-seulement à la partie théorique du pilotage, mais encore à la construction des instruments propres aux observations astronomiques, des boussoles ou aiguilles de mer, et des cartes hydrographiques. Ces cartes s'amélioraient tous les jours par les expériences et les découvertes des pilotes, la réunion et l'examen des documents qu'il apportaient continuellement au patron royal (*padron real*) qui existait à Séville, et qui était confié au soin du pilote-major (*piloto mayor*). Les cartes dont les marins usaient à bord devaient concorder avec le patron royal, et ils ne pouvaient entreprendre de voyages sans emporter avec eux un cadran ou astrolabe, et les instructions nécessaires pour s'en servir avec succès.

Le premier qui réunit et coordonna des matériaux aussi précieux, écrivit et publia un traité méthodique de navigation, et réduisit en système l'art de naviguer, fut le bachelier Don Martin Fernandez de Enciso, habitant de Séville[1]. Il y imprima, en 1519, le Sommaire de géographie (*Suma de geografía*) pour l'instruction de l'empereur Charles-Quint, alors fort jeune; et il ajouta à ce traité, destiné aux pilotes et aux marins, tout ce que l'on savait sur la théorie et la

---

[1] Voyez la savante notice sur Enciso, écrite par M. Berthelot dans *l'Histoire physique, politique et naturelle de l'île de Cuba,* de Ramon de la Sagra. (Édition française, partie géographique, p. 12, 31, 32 et 37.)

pratique de leur profession. Après avoir donné une description détaillée des côtes du Nouveau Monde déjà connues, et déterminé les positions des points principaux, il
présente un traité de la sphère selon le système de Ptolémée,
des tables de déclinaison du soleil, la méthode pour prendre
la hauteur du pôle et se diriger par ce moyen ; la construction d'une rose nautique et des 32 vents exprimant le
nombre de lieues que l'on fait, suivant l'angle que la ligne
du rumb forme avec le méridien. Il traite de la longitude
ou navigation de l'Est à l'Ouest, par des méthodes très-impar-
faites, de la valeur de l'estime, bonne seulement pour ceux
qui ont une connaissance exacte des qualités de leur navire ;
des précautions à garder contre les coups de vent ; de la
connaissance des étoiles circumpolaires, pour prendre la
hauteur du pôle et savoir les heures de la nuit ; de l'usage
de l'astrolabe et du quart de cercle, pour connaître la déclinaison du soleil et du lieu où il se trouve chaque jour,
avec la manière de se servir des tables pour en déduire la
latitude. Il divise le globe par la ligne équinoxiale et un
méridien dont il fixe le passage à l'île de Fer. Il prétend que
toutes les cartes devraient se rapporter à cette divison, et il
en cite une qu'il fit d'après ce système et qu'il présenta à
l'empereur. Enciso connaissait cependant les erreurs et les
inexactitudes de ces cartes et la difficulté de représenter une
sphère par un plan ; mais il ne découvrit point l'art de remédier à cet inconvénient.

Lorsque l'on considère l'imperfection de ces méthodes,
et les dangers qu'elles entraînaient, l'admiration s'augmente
pour ces intrépides navigateurs qui, pendant les trente premières années du xvi⁵ siècle, osèrent traverser l'Océan et
reconnaître toutes les îles et les côtes du nouveau continent,

depuis le cap Horn jusqu'au delà du banc de Terre-Neuve.
La partie géographique est traitée par Enciso avec exactitude
et intérêt, et la description des terres découvertes dans les
mers occidentales est peut-être la première qui ait été faite
des expéditions des Espagnols jusqu'en 1519, époque de
l'impression de l'ouvrage.

Telle est la doctrine de ce premier traité de navigation,
pour lequel l'auteur consulta les plus célèbres écrivains anciens, et surtout l'expérience, qui est la mère de toutes
choses, comme il le dit lui-même. Enciso était fort lettré.
Il résidait déjà en 1508 à l'île Espagnole, *la isla Hispaniola*,
aujourd'hui Saint-Domingue ou Haïti. Il aida Hojeda dans
ses découvertes et fut juge et capitaine des premiers établissements qui se firent dans le Darien. La jalousie de quelques-
uns de ses compagnons le força de revenir plusieurs fois en
Espagne pour justifier sa conduite. Voilà tous les renseignements qui nous restent sur cet auteur, qui a le premier écrit
sur l'art de naviguer.

Quelques-uns attribuent la priorité à Francisco Falero,
dont nous n'avons pu voir le traité, que l'on suppose avoir
été imprimé à Séville en 1535; il était Portugais et frère
de Ruy Falero. Ils vinrent en Espagne avec Magellan ; mais
aucun ne l'accompagna dans son expédition. Magellan, irrité
de voir ses offres rejetées par la cour de Portugal, quitta sa
patrie, arriva à Séville le 20 octobre 1517, et conclut un
traité avec Charles-Quint, à Valadolid, le 22 mars 1518[1].

Cependant Ruy rédigea diverses instructions scientifiques
pour la navigation, entre autres un *Regimiento*, qui contenait la méthode pour observer la longitude, et dont s'était

[1] Voyez Navarrete, *Noticia biográfica de Magallanes*. Madrid, 1837, pages 9
et 14.

servi le cosmographe André de Saint-Martin, lorsqu'il se trouvait dans la baie de San Julian, dans la Patagonie, en 1520, où l'expédition de Magellan hiverna depuis le 31 mars jusqu'au 24 août. Andrés de San Martin était un des plus savants pilotes de la flotte. Ruy Falero, employant les tables de Zacut et l'almanach de Regiomontanus, fit d'autres observations sur le même sujet, par l'opposition et les éclipses des planètes et du soleil; et, comme il avait la plus grande confiance dans ses opérations, il en rejetait les mauvais résultats sur les erreurs de calcul des mouvements célestes contenues dans l'almanach.

Don Fernando Colomb, fils du premier amiral, contribua aussi aux progrès de l'art nautique. Il avait voyagé dans sa jeunesse avec son père. Il accompagna ensuite Charles-Quint en Italie, en Flandre et en Allemagne; il rassembla une bibliothèque choisie de plus de 20,000 volumes, et fit bâtir, à Séville, une académie et un collége pour l'enseignement des mathématiques appliquées à la navigation. Sa mort porta un coup funeste à cette entreprise si grande et si utile. L'Empereur chargea Colomb de la correction des cartes; il l'employa dans les questions relatives à la possession des Moluques, et dans plusieurs autres affaires importantes.

Cependant la défiance qu'inspiraient les applications de ces doctrines à la navigation augmentaient les craintes des marins, qui ne faisaient de voyages qu'avec un temps et une saison favorables.

Aussi, jusqu'en l'année 1530, se perdait-il fort peu de navires. Cette sécurité augmenta la hardiesse, et les navigateurs, méprisant les rigueurs de l'hiver, prirent imprudemment la mer, et éprouvèrent tant de naufrages, qu'un auteur disait, en 1568 : « Que la sagesse des morts avait rendu fous les vivants. » Ces sinistres continuels, nés de l'ignorance téméraire des pilotes, qui n'avaient ni maîtres ni livres pour leur profession, excitèrent Pedro de Medina à publier à Valladolid, en 1545, son *Arte de navegar*, qu'il dédia au prince Don Philippe, fils de Charles-Quint. Il divisa ce traité méthodique en huit livres, dans lesquels il exposa tout ce qui a rapport aux principes astronomiques, à l'observation du ciel et des étoiles, aux phénomènes de la mer et des vents, à l'aiguille aimantée et aux moyens de connaître sa variation, et enfin aux cartes plates, dont il démontra les erreurs avec opiniâtreté. Cet ouvrage, examiné et éprouvé par le pilote-major et les cosmographes de la *Contratacion*, fut considéré comme le premier sur l'art nautique, et si généralement accueilli qu'on le traduisit à l'instant en anglais, en italien, en français et en allemand, et qu'il servit de texte pour l'enseignement dans toutes les écoles et de guide aux navigateurs des nations étrangères pendant le xvie siècle. L'auteur résuma plus tard son travail, qu'il imprima sous le titre de *Regimiento de navegacion*. Il écrivit aussi une *Suma de cosmografía*; il traça quelques cartes, fit des rapports judicieux sur des matières scientifiques et publia d'autres ouvrages historiques qui lui valurent une grande réputation.

Pendant que Pedro de Medina professait à Séville, Martin Cortès, né à Bujalarroz, rédigeait à Madrid son *Breve compendio de la esfera y del arte de navegar*, dont l'impression ne fut terminée que vers la fin de mai 1551. Ce savant peut justement disputer la priorité à Medina, car tous les deux écrivirent sans pouvoir profiter de leurs découvertes mutuelles. C'est ce que Cortès donne à entendre dans sa dédicace à l'Empereur. Il annonce qu'il a le premier posé, dans son Traité de navigation, des principes infaillibles et des démonstrations évidentes, tant dans la pratique que dans la théorie. « Ce traité offre, dit-il, aux marins des règles certaines pour connaître le flux et le reflux de la mer, et pour la construction des instruments destinés aux observations astronomiques. » Il ajoute qu'il a mis en ordre tout ce qui a rapport aux cartes et aux boussoles, présenté deux horloges qui donnent avec exactitude les heures du jour et de la nuit, et qu'enfin il a découvert les propriétés secrètes de l'aimant, ses variations et ses altérations. Cet enseignement était d'autant plus nécessaire que les pilotes savaient à peine lire et éprouvaient de la répugnance à apprendre leur profession. Cortès montra non-seulement qu'il possédait l'art de la navigation, mais encore qu'il était fort versé dans la lecture des écrivains classiques de l'antiquité. Il divisa son ouvrage en trois parties, traita des mêmes matières que son prédécesseur, mais avec plus de clarté et de précision. Il fut le premier qui osa conclure, de ses propres observations, que le phénomène de la variation était produit par un pôle magnétique, distinct du pôle du monde.

Ce théorème appela dès lors l'attention des physiciens; il a été adopté par tous les modernes, comme Halley, Euler, Lemonnier, Buffon, Lalande, etc., sans qu'on ait pu encore fixer la position de ce pôle, ou celle du point de la surface terrestre vers lequel se dirige l'aiguille. Personne n'ignore que le capitaine Ross, dans son dernier voyage dans les mers du Nord, est arrivé sur un point du globe où l'aiguille était verticale, ce qui *semblerait* indiquer la position du pôle magnétique. M. le capitaine Duperrey a essayé aussi de déterminer théoriquement la position de ce point.

Cortès reconnut les erreurs des cartes plates et proposa quelques moyens pour les corriger; ce qui a fait dire à Edward Wright, auquel plusieurs écrivains attribuaient l'invention des cartes réduites (en espagnol *esféricas*), que Cortès avait signalé bien longtemps avant lui l'augmentation des distances entre les parallèles. Le *Breve compendio* fut si admiré des Anglais, que Richard Eden le traduisit et l'imprima à Londres, en 1561, à la prière du navigateur Étienne Burrough, afin de favoriser le développement de la société établie pour faire des découvertes sur mer. Cet ouvrage fut reimprimé plusieurs fois, et, dans l'édition faite à Londres, en 1596, le traducteur dit qu'il n'existe aucun livre qui présente avec autant de méthode et de clarté d'aussi grands secrets de philosophie, d'astronomie, de cosmographie, et en général de tout ce qui constitue une bonne et sûre navigation. Ainsi, pendant que les Français avaient adopté l'*Arte de navegacion* de Medina comme ouvrage classique dans leurs écoles nautiques, les Anglais multipliaient les éditions du *Compendio* de Cortès, pour qu'il servît de guide à leurs marins.

Avec des connaissances plus approfondies dans les sciences mathématiques, le célèbre Pedro Nuñez imprima, à Coïmbre, son traité latin *de Arte atque ratione navigandi*. Il avait publié d'abord quelques opuscules sur le premier livre de la géographie de Ptolémée, la mécanique d'Aristote, la théorie des planètes de Purbach; le Traité des crépuscules de l'arabe Al-Hacen, en réfutant les doctrines de Orontius Fineus : il donna des tables astronomiques, écrivit un traité de la sphère, deux mémoires sur les cartes marines, et fit divers autres travaux sur les questions nautiques. Nuñez fut le premier qui traita de la loxodromie ou des propriétés des lignes courbes; il s'occupa de la solution de plusieurs problèmes utiles et curieux; indiqua la méthode pour déterminer la latitude par deux hauteurs du soleil et la différence des azimuts, et celle pour trouver le jour de l'année dont le crépuscule est le plus court; mais la principale découverte à laquelle il dut sa réputation fut l'ingénieuse division qu'il adopta pour les instruments astronomiques [1]. Tycho-Brahé et le docteur Halley firent un grand usage de cette division, qui, prenant le nom latin de son auteur, s'est conservé jusqu'à nos jours parmi les marins et les astronomes. Cependant le *vernier* a remplacé avantageusement le *nonius*, bien que quelques marins donnent encore par erreur le nom de *nonius* à la division du *vernier*. Nous devons à Delambre un savant travail à ce sujet. L'ouvrage de Nuñez, *De arte atque ratione navigandi libri duo*, fut imprimé à Coïmbre, en 1546; à Bâle, en 1566, et plus tard il fut traduit en français. Le livre sur les crépuscules parut à Lisbonne, en 1542; celui de *Erratis Orontii Fineii*, à Coïmbre, en 1546; les annotations au traité de *Sphera mundi*, de Sacro-Bosco, à Venise, en 1562. On a encore de Nuñez une traduction de l'Architecture de Vitruve et un Traité d'Algèbre. Weidler, Nicolas Antonio, Bayle, Bailly, Lalande, et tous les auteurs qui ont écrit sur l'histoire de l'astronomie, ont rendu hommage au génie du savant portugais. Son Traité de navigation, quoiqu'imparfait et incomplet sur certains points, renferme toute la doctrine de l'astronomie nautique, dont il dissipa les erreurs, et dont il posa les bases fondamentales. Cependant

[1] Voyez, dans les Mémoires de la Société de géographie de Paris (2ᵉ série, tome X, p. 217), le beau travail du savant vicomte de Santarem, sur les connaissances scientifiques de Don Juan de Castro, auteur de l'*Itinerarium Maris Rubri*, en 1543.

ses principes ne furent pas généralement admis, et quelques-uns d'eux furent l'objet d'une judicieuse critique de la part de mathématiciens distingués, parmi lesquels nous devons citer son compatriote Jacobo ou Diego de Saa, qui publia à Paris, en 1549, son ouvrage latin : *De navigatione libri tres.* Cette controverse scientifique et littéraire jeta le plus grand jour sur plusieurs problèmes importants de la navigation. Nuñez mourut en 1577, à l'université de Coïmbre, où il était premier professeur de mathématiques.

Don Alonzo de Santa Crúz, cosmographe de l'empereur Charles-Quint, est moins connu dans l'histoire de la marine, malgré les immenses progrès qu'il fit faire à l'art de naviguer. Chargé d'examiner certains ouvrages et instruments d'Apianus, pour observer la longitude en mer, il écrivit tout ce qu'il avait découvert sur cette matière, et dédia son ouvrage à Philippe II. Parmi les sept méthodes d'observation qu'il proposa, et qu'il avait mises en pratique, après avoir fabriqué lui-même ses instruments, calculé et corrigé les tables, les quatre suivantes méritent une étude particulière : celle des éclipses de la lune et du soleil; celle de la variation de l'aiguille aimantée, qui devint alors la source féconde de recherches scientifiques, et lui procura les moyens de tracer ses cartes magnétiques; celle sur les horloges construites d'après divers systèmes et avec différentes matières ' et celle de mesurer les distances de la lune aux étoiles fixes et aux planètes, pour laquelle il proposa un instrument, dont l'inventiom coïncida avec celle d'Apianus et Gemma Frisius, célèbres mathématiciens protégés par les rois d'Espagne. Les univerités de la Péninsule avaient généralement adopté l'*Astronomicon cæsareum* d'Apianus, et, en 1548, l'Empereur ordonna de traduire en espagnol sa cosmographie, augmentée par Gemma Frisius[1]. Il décrivit en détail le procédé de Don Pedro Ruiz de Villegas, habitant de Burgos, qu'il qualifie de savant astronome et cosmographe. De tous les renseignements que donne Santa Crúz à ce sujet, l'on doit conclure qu'il fut le premier qui inventa et construisit les cartes de variation magnétique, *plus d'un siècle avant le docteur Halley, auquel de nos jours on en avait à tort attribué la découverte.* La carte magnétique de Halley parut en 1700; celles de Mountaine et de Dodson, en 1744 et en 1756[2]. Santa Crúz perfectionna les méthodes, aujourd'hui bien supérieures, d'observer la longitude; il les appliqua à la navigation, et employa pour cela des calculs et des instruments fort ingénieux. Non-seulement il reconnut l'imperfection des cartes plates, mais encore, pour y remédier, il en traça de réduites; *bien des années avant Édouard Wright ou Gérard Mercator, auxquels on en accorde faussement la priorité.* Santa Crúz conçut l'idée des cartes réduites *seize ans au moins avant Mercator et Werner de Nuremberg.* En effet, on rapporte cette invention à l'année 1555, et l'ouvrage de Vanegas était déjà prêt à imprimer en 1539[3]. Dans son ouvrage intitulé : *Diferencias de libros que hay en el universo,* imprimé en 1540, maître Alejo de Vanegas parle d'une de ces cartes, que fit Santa Crúz à la demande de l'Empereur. Celui-ci le nomma trésorier de la flotte qui, sous les ordres de Sébastien Cabot, fut, en 1525, au secours du commandeur Loaisa, et qui s'arrêta au Rio de la Plata. Il revint en 1530, fut fait cosmographe de la *Contratacion,* et travailla à corriger les cartes et les instruments pour la navigation.

[1] Navarrete, *Biografia de Alonso de Santa Crúz,* page 9.
[2] Navarrete : ouvrage cité, page 5.
[3] Voyez Navarrete, *Noticia biográfica de Alonso de Santa Crúz,* page 10.

En 1539, il devait faire partie d'une expédition au détroit
de Magellan; mais l'Empereur le retint pour entendre ses
leçons d'astronomie et de cosmographie, auxquelles assistait
aussi saint François de Borja, alors marquis de Lombay[1].
Santa Crúz fut à cette époque attaché à la maison du mo-
narque (*contino de la casa Real*[2]). Désireux de recueillir des
renseignements sur la navigation des Indes orientales, il se
rendit à Lisbonne, en 1545. Plus tard, il écrivit la chronique
des Rois Catholiques et celle de l'Empereur. Il traduisit, du
latin en espagnol, et enrichit de notes tous les traités d'Aristote sur la philosophie morale. Il traça les cartes de presque
tous les royaumes de l'Europe, et des autres parties du
monde. En 1560, Philippe II lui ordonna d'écrire un *Islario general,* qu'il laissa terminé. Le conseil de Castille le
chargea de critiquer la première partie des Annales d'Aragon de Géronimo Zurita, ce qui lui attira les récrimina-
tions les plus amères d'Ambroise Moralès et autres historiens[3]. Il fit partie, ainsi que plusieurs cosmographes, des
juntes qui examinèrent si les îles Philippines étaient com-
prises dans le traité conclu par l'Empereur et le roi de Portugal en 1529, et si les Moluques entraient dans la ligne
de démarcation de la couronne de Castille[4].

[1] Ribadeneira, *Vida de san Francisco de Borja,* lib. 1, chap. v. — Don
Gutierre de Vargas, évêque de Plasencia, arma trois vaisseaux pour aller
reconnaître le détroit de Magellan; ils partirent de Séville en août 1539.
(Herrera. Decad. VII, Lib. 1, cap. viii.)

[2] *Contino* ou *continuo,* nom qu'on donnait anciennement aux gardes du
corps du roi d'Espagne.

[3] Dormer, *Progresos de la historia de Aragon,* page 138.

[4] La junte se composait des cosmographes Santa Crúz, Pedro de Medina,
Fr. Andrés de Urdaneta et Géronimo de Chaves. Les 8 et 10 octobre 1566,
et les 16 et 17 juillet 1567, ils présentèrent au roi d'Espagne des mémoires
qui établissaient la légitimité de ses droits. (Navarrete, *loc. cit.* page 13.)

On croit que Santa Crúz mourut à Séville, en 1572. L'inventaire de ses papiers et de ses livres est un témoignage classique de sa vaste instruction et de son constant désir de favoriser les progrès de l'astronomie, de la navigation et de la géographie. Le 14 octobre 1572, on remit à Don Juan Lopez de Velasco, qui succéda à Santa Crúz dans l'emploi de cosmographe-major, l'inventaire de ses cartes et de ses livres. Parmi eux était un *Tratado de las longitúdines y del arte de navegar*, qui n'a pu être retrouvé. La bibliothèque royale de Madrid conserve les deux manuscrits les plus précieux de Santa Crúz.

L'un et l'autre sont inédits. Voici leur titre : *Libro de las longitúdines y manera que hasta agora se ha tenido en el arte de navegar, con sus demostraciones y ejemplos*, dédié au très-haut et puissant seigneur Don Philippe, deuxième du nom, roi d'Espagne, par Alonso de Santa Crúz, son cosmographe-major.

L'autre ouvrage est intitulé : *Islario general del mundo*. On trouve quelques fragments de ce manuscrit dans les archives des Indes, à Séville. (Navarrete, ouvrage cité, page 3 et 12.) Don Nicolas Antonio, dans sa *Bibliotheca Hispana nova*, dit que Santa Crúz était de Séville, et il l'appelle : *mathematicarum omnium artium peritissimus*.

Philippe II, qui avait étudié avec le plus grand fruit les mathématiques, tâchait de les propager dans ses vastes domaines et d'en faire d'utiles applications. Ce fut sous son règne que l'on rassembla et que l'on éclaircit les passages scientifiques d'Aristote, d'Euclide, de Boëtius, de Vitruve et des autres géomètres de l'antiquité. La noblesse espagnole faisait tous ses efforts pour se distinguer autant dans la carrière des lettres que dans celle des armes. Don Juan de Rojas publia à Paris, en 1551, son commentaire sur l'astrolabe. Le maître Géronimo Muñoz, après avoir étonné l'Italie par son érudition, vint apporter ses lumières aux universités de Valence et de Salamanque, et les rendit célèbres par ses ouvrages, ses observations astronomiques et les excellents élèves qu'il forma. Don Diego de Alava publia son *Perfecto capitan* et *La nueva ciencia de artilleria*, dont il fut le créateur, et à laquelle il appliqua, de la manière la plus avantageuse, ses profondes connaissances mathématiques.

La carte géographique de la Péninsule, levée par maître Pierre de Esquivel, d'après la méthode trigonométrique de Regiomontanus, fut l'un des ouvrages les plus remarquables exécutés sous ce règne. La longitude et la latitude des lieux furent déterminées par des observations astronomiques, et l'on examina avec soin les ruines, afin d'établir leur corrélation avec les villes de l'antiquité. On parvint ainsi à avoir une carte si exacte, qu'un auteur contemporain, qui l'examina, affirme qu'il est impossible de trouver au monde des provinces décrites avec plus d'attention et de vérité. Philippe II fit les frais de ce magnifique travail, et le conserva toujours dans sa propre chambre. Il est bien à regretter que cette carte se soit perdue, et que l'on n'ait pas suivi un si noble exemple dans les siècles postérieurs. Pour l'exécution de ce chef-d'œuvre topographique, il fallut fixer le type de la mesure castillane, comparativement à celle des Romains. Lebrija, Juan Ginès de Sepulveda et Florian de Ocampo firent de très-grands travaux à ce sujet; mais les plus corrects furent ceux de maître Esquivel. Le Roi réunit dans la riche bibliothèque de l'Escurial les globes célestes et terrestres, les cartes, les mappemondes et les meilleurs instruments de mathématiques et d'astronomie. Andrés Garcia de Cespedés en construisit plusieurs pour les observations et pour la rectification des tables. Lorsque Léon X voulut réformer le calendrier, en 1 5 1 5, il consulta l'université de Salamanque et les érudits espagnols. Plusieurs années après, Grégoire XIII, avant d'effectuer ce projet, eut de nouveau recours aux lumières de cette université. Par un bref de 1582, le pape Grégoire XIII établit que le mois d'octobre de cette année n'aurait que 21 jours; que l'année 1600 serait bissextile, et qu'ensuite l'année qui termine chaque siècle ne serait bissextile que de quatre en quatre siècles [1].

Il chargea le savant Pedro Chacon, de Tolède, et le jésuite Clavio de terminer ce travail si désiré, et qui avait coûté tant de recherches. La conquête du Portugal et son séjour à Lisbonne firent connaître à Philippe II les graves erreurs des cartes maritimes de ce pays. Dans le but de les faire disparaître et d'accélérer les progrès de la navigation et de l'architecture civile et militaire, il créa une académie de mathémathiques dans son palais de Madrid, et il y emmena avec lui D. Juan Baútista Labaña, qui enseigna l'art nautique et écrivit un traité qui fut imprimé plus tard, ainsi que ceux de divers professeurs, sur la perspective, la cosmographie et la fortification. L'université de Salamanque avait alors des chaires de navigation et d'art militaire, où on lisait Copernic, Apianus, Rojas et tous les restaurateurs modernes des sciences. Ce fut des écoles d'Alcala de Henarès que sortit le chanoine Don Juan Perez de Moya. Il publia son cours de mathématiques, le plus complet que l'on connût alors, et composa un *Arte de navegar*, qui se conserve inédit avec d'autres œuvres géographiques.

[1] Laplace, *Exposition du système du monde*, liv. V, chap. IV.

Cependant les marins appliquaient ces découvertes à la
pratique de leur profession. D. Juan Escalante de Mendoza,
élevé dès son enfance à bord des vaisseaux, écrivit son *Iti-
nerario de navegacion*, qui forme en quelque sorte le résumé
des connaissances maritimes de cette époque. D. Pedro Sarmiento de Gamboa, dans ses longues navigations dans la
Mer du Sud et l'Océan Atlantique, employa avec bonheur
les différents modes de déterminer la longitude. Il multiplia
ses observations sur la variation de l'aiguille et sur d'autres
phénomènes dont l'explication pouvait être du plus grand
cours aux navigateurs. Le résultat de toutes ces expériences,
résultat qui était transmis à la *Contratacion* de Séville, fécon-
dait la science et améliorait l'enseignement. En 1581, D. Rodrigo Zamorano fit paraître le *Compendio del arte de navegar*,
écrit avec la clarté et la concision que demandait un livre
qui fut, pendant quelques années, considéré comme classique dans les écoles de Castille, et qui mérita d'être traduit en anglais, même au commencement du xvii° siècle.

L'amour des sciences nautiques était alors si répandu,
que trois jurisconsultes, établis dans divers pays soumis à
la domination espagnole, donnèrent en peu de temps plusieurs traités sur cette matière. D. Andrés de Poza, avocat
de la seigneurie de Biscaye, qui avait étudié neuf ans à
l'université de Louvain, imprima à Bilbao, en 1585, son
Hidrografia, qui renfermait ce qu'il y avait de plus utile et
de plus curieux dans les ouvrages publiés jusqu'alors en Italie, en Flandre, en France et en Angleterre.

Le docteur Don Diego Garcia de Palacio, auditeur à la
cour (*audiencia*) de Mexico, composa dans cette ville, en
1587, son *Instruccion naútica para el buen uso y regimiento
de las naos;* et, à la fin de cet ouvrage, se trouve un *Voca-*

bulario de los nombres que usa la gente de mar en todo lo que pertenece à su arte, pour aider les marins qui continuaient les découvertes. Don Pedro de Siria, professeur de jurisprudence civile à l'université de Valence, imprima, en 1602, l'*Arte de la verdadera navegacion*. Cet ouvrage révélait une si vaste instruction et un si profond discernement, que Philippe III, pour récompenser l'auteur, le nomma pilote-major des galions, avec 1,500 piastres d'appointements ; mais son grand âge empêcha Siria d'entrer dans cette nouvelle carrière.

Les Portugais, réunis alors à la monarchie espagnole, cultivèrent avec soin les sciences maritimes. Vasco de Piña rédigea, vers l'année 1582, un *Manual*, appuyé sur sa propre pratique et ses observations, dans lequel il corrige les déclinaisons du soleil, à l'aide des tables de Copernic, et où il donne des avis utiles à ceux qui naviguaient dans l'Amérique septentrionale. Nous avons déjà dit que Labaña écrivit pour l'enseignement public de l'Académie de Madrid, le *Regimiento naútico*, qu'il imprima à Lisbonne en 1595, et dont on fit, en 1606, une seconde édition corrigée et plus concise que la première. Cette même année, Simon Oliveira publia son *Arte de navegar*, ouvrage rempli de clarté et de méthode, dans lequel il appliqua utilement ses connaissances mathématiques à la résolution de quelques problèmes et à la construction des instrumens nécessaires à la navigation. Manuel de Figuereido eut encore plus de célébrité que ses prédécesseurs. L'*Hidrografia y examen de pilotos* et l'*Arte de navegar* furent ceux de ses ouvrages scientifiques qu'il destina plus particulièrement à la marine. Il sut unir la pratique aux théories les plus élevées, et, pendant qu'il publiait les routiers pour les mers de l'Inde orientale et de l'Amérique,

il manifesta sa prédilection pour certains systèmes qui jouis-
saient du plus grand crédit parmi ses compatriotes. Telle
était la méthode pour trouver la longitude en mer au moyen
de la variation de l'aiguille. Cette méthode était inconnue
avant la découverte de l'Amérique. Alonzo de Santa Crúz
rapporte que le premier qui la mit en pratique fut un phar-
macien de Séville, nommé Philippe Guillen, qui, dans
l'année 1525, en fit part à D. Juan III, roi de Portugal [1].
Pimentel critiqua plus tard les routiers de Figuereido.

Le gouvernement espagnol excitait avec une louable ardeur le zèle des savants, pour les engager à étudier les
phénomènes magnétiques. Déjà, au commencement du
xv⁰ siècle, le pilote Andrés de San Martin, dans le voyage
qu'il fit avec Magellan, employa la méthode qu'il avait ap-
prise du bachelier Ruy Falero, et appliqua les observations
des distances du soleil à la lune et autres planètes, ainsi que
celle des éclipses et des conjonctions, pour obtenir la longitude. Peu d'années après, Alonzo de Santa Crúz exposa
toutes les méthodes applicables à ce but, et Sarmiento se
servit avec succès de l'observation des distances dans les
eaux de l'île de l'Ascension. Ce fut alors qu'on présenta à
Philippe II les instruments inventés et construits par Juan
Alonso, habitant de la Grande-Canarie, et par le célèbre
architecte D. Juan de Herrera. Plusieurs des aventuriers
dont abonda le xvii⁰ siècle essayèrent de résoudre le problème de la longitude par un moyen impénétrable, celui
du magnétisme, dont on ignore encore les causes. Les propositions du docteur D. Juan Arias de Loyala, qui furent

---

[1] Voyez Navarrete : *Noticia biográfica de A. de Santa Crúz*, et le premier
voyage de Christophe Colomb, dans la *Coleccion de viages españoles*, tome I⁰ʳ,
pages 8 et 9.

soumises à Philippe III, à Valladolid, en 1603, reposaient
sur les mêmes principes. Loyola écrivait de Séville qu'il
avait trouvé le moyen d'obtenir la latitude ou hauteur du
pôle, de jour et de nuit; la correction exacte de l'aiguille
aimantée et des cartes marines, et la détermination des degrés de longitude. Il n'en fallut pas davantage pour l'appeler à la cour, où on lui fit les offres les plus séduisantes;
mais, pendant que l'on traitait avec lui pour qu'il livrât son
secret, et qu'on se préparait à l'examiner, le Portugais Luis
de Fonseca Coutiño se présenta, appuyé par Labaña, et
muni de pièces qui attestaient que, dans la navigation des
Indes, on s'était servi de son invention de l'aiguille fixe, et
qu'en la comparant avec l'aiguille ordinaire, qu'il appelait
errada, on obtenait les degrés de longitude. Il présenta plus
tard deux autres aiguilles, qu'il nommait normale et verticale; de nouveaux astrolabes pour prendre la hauteur du
soleil et du pôle, et des compas pour suivre les cartes avec
certitude, et connaître la différence des méridiens de départ
et d'arrivée. La nouveauté et la faveur firent préférer les
secrets de Fonseca : on lui offrit 6,000 ducats de rente perpétuelle, si l'expérience confirmait la vérité de ses asser-
tions dans les voyages que l'on devait entreprendre par terre
et par mer. Après une foule de retards, de juntes, de rapports et d'examens, on ordonna, en 1610, à Fernando de
los Rios, grand navigateur et mathématicien, de réunir les
cosmographes et les pilotes les plus pratiques dans la route
des Indes, et de tenter des expériences jusqu'à la Nouvelle-
Espagne, et de là aux Philippines. On avait déjà expéri-
menté par terre, de Madrid à Séville; mais les études furent
reprises sur les mêmes points, et, de plus, on en fit exécuter de semblables à Barcelone, à Valence et à Grenade, par

les professeurs les plus habiles en cosmographie et en navigation. Labaña écrivit les instructions nécessaires, dressa
les tables, fit construire les instruments, et prit si fort à
cœur cette affaire, qu'il demanda qu'on retardât la description géographique du royaume d'Aragon, dont il était
chargé, jusqu'à ce que la junte de Lisbonne eût terminé ses
travaux. Les premières expériences faites à terre produisi-
rent quelques bons résultats ; mais Fernando de los Rios
écrivit de Mexico que, d'après les observations recueillies
dans son voyage, aucune des aiguilles ne pouvait servir.

Après sa navigation d'Acapulco aux Philippines, le général D. Lope de Amendariz, qui commandait une flotte, et
le cosmographe Antonio Moreno démontrèrent que les méthodes de Fonseca ne méritaient aucune confiance. Celui-ci
essaya de les défendre ; il annonça qu'il avait découvert des
propriétés plus merveilleuses encore dans l'aimant, et voulut pour la seconde fois surprendre la crédulité de la commission chargée d'examiner cette affaire. Le docteur Arias
de Loyola, profitant du discrédit où étaient tombés les projets de son rival, fit de nouvelles instances pour que l'on
traitât avec lui ; mais, se méfiant des membres de la commission de guerre, il déclara qu'il ne révélerait son secret
qu'au Roi lui-même ou au duc de Lerme : on lui offrit aussi
6,000 ducats de rente perpétuelle et 2,000 de rente via-
gère. Quoique le Roi eût ordonné de faire cesser les expériences de Fonseca, les amis de celui-ci trouvèrent le moyen
de les faire continuer, tandis qu'on exécutait celles d'Arias,
et il fut convenu que les deux inventeurs s'embarqueraient
à bord de l'escadre commandée par D. Antonio de Oquendo,
et que, dans le cas de réussite des deux méthodes, celle
de Fonseca serait préférée. Le voyage ne put avoir lieu,

car le Portugais disparut subitement, après qu'on eût perdu huit années en tentatives et en frais inutiles. Arias ne cessa, pendant plus de trente ans, de composer des mémoires. dans lesquels il s'efforça de réfuter tous ceux qui concoururent successivement pour obtenir le prix.

Nous parlerons brièvement de Joseph de Moura Lobo, qui, appuyé par le comte-duc d'Olivarès, en 1637, fit de très-grandes offres, mais ne voulut rien découvrir, si on ne lui donnait pas d'avance les récompenses qu'il demandait. On ne retira aucun avantage des projets du capitaine français Jean Maillard, de ceux de Géronimo Ayanz et Juan Martinez, ni de ceux de Lorenzo Ferrer Maldonado, qui, poursuivi par la justice pour crime de faux, posa pour principale condition à la communication de son secret, que l'on annulerait la cause formée contre lui à la chancellerie de Grenade [1]. Les fourberies et les artifices de ces aventuriers ne pouvaient promettre aucun progrès à la navigation ; mais la crainte de voir les Hollandais ou d'autres nations maritimes profiter de ce qu'il pouvait y avoir de vrai dans leurs propositions engagea, pendant plus de 36 ans, le gouvernement espagnol à consacrer des sommes énormes à l'examen de ces projets chimériques. Jean-Baptiste Morin, professeur royal de mathématiques et médecin à Paris, s'emparant des idées de l'Espagnol Ferrer, habile constructeur d'instruments, établi dans cette capitale, prétendit avoir résolu le problème, en corrigeant et en rendant plus générale

---

[1] Maldonado avait falsifié plusieurs fois la signature du marquis d'Estepa. (Voir dans Garcia de Silva y Figueroa : *Comentarios de la embaxada al Rey y Xaabas de Persia,* en 1618, publiés par Llaguno y Amirola. Madrid, chez Sancha, 1799, in-4°. Ce voyage renferme des détails géographiques extrémement curieux.)

la formule indiquée par Képler. Étant connue la latitude
du lieu, il proposait d'observer la hauteur méridienne de la
lune, et en même temps la hauteur d'une étoile ; et, de ces
deux données, il déduisait la latitude et la longitude de cette
planète au moment de l'observation. Michel Florence Van
Langren, mathématicien de Philippe IV dans les Flandres,
fut le plus habile de ceux qui se présentèrent pour disputer
le prix offert en Espagne. Par ordre du conseil des États,
il se rendit dans la Péninsule, muni des recommandations
les plus pressantes de l'infante Isabelle et des plus honorables attestations, délivrées par les meilleurs mathématiciens de son pays. Van Langren pensait qu'avant toutes choses
on devait corriger les cartes routières de navigation. Sa méthode pour déterminer la longitude consistait, à ce qu'il
paraît, dans l'observation de quelques étoiles et des taches
de la lune. Il fit une application ingénieuse de l'observation
de ces taches et de celles du commencement et de la fin
des éclipses ; moyen déjà indiqué par Hipparque pour vé-
rifier la différence des méridiens. Quoique l'on n'ait pas
employé la méthode de Langren, elle a été cependant fort
utile pour fixer la position des points de la terre d'où l'on
observe les éclipses.

Le désir d'augmenter leur puissance et d'accroître leur marine excita bientôt les États de Hollande à suivre l'exemple
de l'Espagne. Ils proposèrent une somme de 100,000 livres
à celui qui découvrirait la méthode pour trouver la longitude en mer. Le duc d'Orléans, régent de France, offrit une
récompense semblable, au commencement du xviii⁰ siècle.
Vers cette époque, le parlement d'Angleterre promit vingt
mille livres sterling à celui qui indiquerait le moyen de
trouver la longitude à trente minutes près.

8.

Tout ce qui précède prouve l'importance de ce problème et
la gloire qui revient à l'Epagne d'avoir été la première à accorder de magnifiques encouragements pour une découverte
dont le genre humain devait retirer un si grand avantage.
Pendant que le gouvernement espagnol attachait tant de prix
à la détermination de la longitude en mer, il s'occupait active-
ment de la correction des cartes, comme l'un des éléments
les plus nécessaires à la sécurité de la navigation. Déjà, en
1595, le cosmographe Pedro Ambrosio de Onderiz avait
démontré que le Patron routier des Indes renfermait des
erreurs fort graves. Sur la demande du conseil des Indes,
le Roi ordonna que Onderiz, assisté d'une commission de
pilotes, fît les corrections convenables. Il mourut en 1596,
et fut remplacé par Andrés Garcia de Cespedés, associé au
cosmographe Luíz Jorje de la Barbuda. Trois ans après,
ils présentèrent leurs travaux terminés, et l'on fit concorder
toutes les cartes avec le nouveau patron. On corrigea les
tables astronomiques et les instruments, tels que l'astrolabe,
l'arbalestrille et les aiguilles aimantées. Cespedés écrivit son
Regimiento de navegacion et son *Hidrografía*, qui furent publiés en 1606. Il établit dans son ouvrage des doctrines et
des méthodes savantes dont quelques-unes, notamment
celle d'observer l'étoile polaire, était employée plus d'un
siècle après lui par les marins anglais et hollandais, selon le
témoignage de Pimentel. Convaincu que l'on ne pouvait
trouver la longitude à l'aide d'aucun instrument, ni par un
procédé rigoureusement mathématique, il forma une table
par laquelle il prétendait obtenir, grâce à une simple opé-
ration arithmétique, la longitude d'estime, au maximum
d'approximation de la véritable. Il ignorait les propriétés
des lignes courbes, et les fondements sur lesquels repose

la construction des cartes réduites. Et cependant il est celui de tous les écrivains de son siècle qui a le plus fait pour les sciences mathématiques et astronomiques, par le soin qu'il eut toujours de les appliquer aux professions les plus utiles de la milice et de la navigation. Les traités de Cespedès éclipsèrent pendant quelque temps ceux de ses contemporains. L'*Examen y censura sobre la ballestilla* du docteur Simon Tovar de Séville ; l'*Hidrografia* et le *Tratado sobre un instrumento para conocer la variacion de la aguja*, de D. Andrés del Rio Riaño ; *la Carta de marear geometricamente demonstrada* du docteur Juan Cedillo Diaz, professeur de mathématiques et cosmographe-major de S. M. C. ; l'*Arte de navegar*, écrit à Mexico en 1621, par don Juan Gallo de Miranda, à l'imitation de la *Instruccion naútica* du docteur Diego Garcia de Palacio, ni le *Regimiento de navegacion* de Valentin Saa de Miranda, ne purent soutenir la concurrence avec les ouvrages de Cespedès, qui étaient le fruit d'observations nombreuses et de longues années de pratique.

Malgré les progrès de l'art nautique, les pilotes restaient plongés dans leur ignorance, parce qu'ils s'obstinaient à ne pas apprendre les éléments scientifiques, et à persister dans la routine de leurs devanciers. Ces défauts furent signalés par le cosmographe et pilote-major Don Diego Ramirez de Arellano, compagnon de Los Nodales, dans la *Relacion* qu'il donna de leur voyage à la reconnaissance des détroits de Magellan et de Saint-Vincent, en 1618 et 1619. Il divisa son ouvrage en trois parties : la première contenait le journal de la route et les événements de la navigation ; la seconde, les observations astronomiques et maritimes ; la troisième, les principes scientifiques d'après lesquels elles furent pratiquées. S'appuyant sur l'expérience, il attaqua l'opinion, alors très-répandue, que la variation gardait une certaine régularité en nordouestant dans les parties occidentales du méridien de l'île Corvo[1] (*isla del Cuervo*), et en nordestant graduellement dans les parages orientaux de cette île. En échange de cette opinion erronée, il indiqua d'excellents moyens pour reconnaître ce phénomène. Faisant concorder ses propres expériences avec celles faites par plusieurs autres pilotes dans diverses mers, il construisit une carte des variations de l'aiguille, pour convaincre ses émules et ses adversaires. Il parla des longitudes avec beaucoup de sagesse, et apporta la plus grande exactitude à ses observations d'astronomie nautique. Celles qu'il fit sur les marées, la direction des courants, les moyens de corriger la route et les cartes, et sur plusieurs autres points de la navigation et de la physique, mériteront toujours l'admiration des savants, surtout si l'on réfléchit à l'époque où ces travaux furent exécutés. Le *Derrotero* au détroit de Magellan fut très-estimé par les nations étrangères; et dans la mer du Sud, vers le cap Horn, se trouvent l'île de Diego Ramirez et le cap de Játiva (*cabo Setabense*), qui rappellent glorieusement le nom et la patrie de cet illustre cosmographe[2]. Après lui, l'aventurier Lorenzo Ferrer Maldonado publia, en 1626, son *Imagen del Mundo sobre la esfera, cosmografía, geografía, teórica de planetas y arte de navegar;* mais il ne sut pas profiter des découvertes de ses prédécesseurs, et son ouvrage ne présente aucune espèce d'intérêt. Dans ce même temps, Don Antonio de Nájera qui, dès

[1] Une des îles Açores, située par 39° 40′ 45″ lat. N. et par 33° 31′ 4″ long. O. du méridien de Paris. (*Connaissance des temps* pour 1845.)

[2] *Setabis* des Romains, aujourd'hui *San Felipe de Játiva,* ville de 15,000 habitants, dans le royaume de Valence.

son enfance, s'était appliqué avec succès à l'étude des mathématiques, écrivit sa *Navegacion especulativa y práctica*. Tycho-Brahé et Képler, ayant donné un nouvel aspect à l'astronomie, qui est le premier guide des marins, la rectification des tables et les méthodes pour calculer les mouvements célestes devaient avoir une influence immédiate sur les progrès de la navigation.

Nájera traça les règles de cette science avec tant d'ordre et de précision, qu'il laissa bien loin derrière lui tous ceux qui l'avaient précédé. Il expliqua l'usage de l'astrolabe et d'un quart de cercle qu'il inventa, et dont Pimentel recommandait encore l'emploi bien avant dans le xviiie siècle. Il eut une connaissance exacte des cartes réduites (*esféricas*), quoiqu'il doutât qu'elles fussent admises par les pilotes, de l'ignorance desquels il se plaint amèrement, tout en louant l'application des étrangers pour les mathématiques et la cosmographie. Il espérait qu'à l'aide de ces découvertes on arriverait un jour à résoudre le problème de trouver la longitude en mer, résultat que l'on ne pouvait attendre ni de la variation, ni des éclipses, qui sont trop peu fréquentes. Il fournit d'excellents renseignements pour le voyage aux Indes par le cap de Bonne-Espérance; et, dans un autre ouvrage, il recueillit des observations météorologiques fort importantes pour reconnaître d'avance les changements de temps, et pouvoir se précautionner contre les funestes effets des bourrasques et des tempêtes. Tout ce que dit Nájera de l'ignorance et de l'opiniâtreté des pilotes est confirmé par l'enseigne Don Pedro Porter de Casanate, dans le discours qu'il publia en 1633, sur l'impérieuse nécessité de corriger les erreurs qui nuisaient à la navigation. Il s'éleva contre les abus existants dans l'examen des pilotes, la manière dont ils remplissaient leurs

devoirs, et il attribua leurs fautes à leur peu d'instruction,
à l'imperfection de leurs instruments et à l'inexactitude des
règles qu'ils suivaient. Il exposa les erreurs des cartes, celles
produites par la dérive du vaisseau; les méthodes vicieuses
adoptées pour observer la variation et pour la correction
des tables; l'incertitude des observations faites à l'aide de
l'arbalestrille, et il donna des préceptes simples et pratiques
pour obtenir une grande précision. Il examina aussi les différentes méthodes proposées pour déterminer la longitude,
et il les jugea difficiles et présentant peu de sécurité aux pilotes. On ne connaissait pas encore dans la marine espagnole
l'emploi de l'utile instrument nommé le loch, qui sert à mesurer la distance parcourue par le navire. Burn l'avait in-
troduit en Angleterre dès l'année 1577. Il est vrai que cette
invention, connue dans le principe, resta enfouie dans l'obscurité, et qu'on ne la mit de nouveau en usage que vers
1607, dans un voyage aux Indes orientales, publié plus tard
par Purchas; mais depuis lors elle devint très-commune dans
toutes les navigations, et plusieurs auteurs écrivirent sur ce
sujet. Parmi les Espagnols, Porter fut le premier qui en
parla d'après Bartholomé Crescencius et Léon Baptiste, bien
qu'il mît en doute son importance, et qu'il préférât la connaissance pratique que chaque pilote doit avoir de la marche
de son navire dans les diverses circonstances où il se trouve.
Cependant le loch est encore employé de nos jours, malgré
les nombreuses tentatives qu'on a faites pour lui substituer
d'autres instruments. Don Pedro Porter critique les erreurs
commises par les géographes chargés de corriger le *Padron
general*. Il les attribue à leur manque de connaissances théoriques, et au mépris qu'ils faisaient des routiers et des observations pratiques des anciens navigateurs espagnols, tan-

dis que les étrangers envoyaient de toutes parts des savants
pour examiner les découvertes des autres puissances et recueillir des renseignements qui pouvaient favoriser les progrès de l'hydrographie et les communications commerciales.
Il déplore les imperfections des instruments, dont on aban-
donnait la construction aux soins de vulgaires charpentiers,
qui ignoraient entièrement l'art de les graduer, les inven-
tions de Nuñez et les perfectionnements qui s'accomplissaient
hors de l'Espagne. Les tables de Zamorano étaient déjà in-
correctes ; ses règles et ses méthodes inexactes, et cependant cet auteur jouissait d'un grand crédit parmi les pilotes

Porter ne se borna pas à signaler les causes des erreurs,
mais encore il proposa les moyens qui lui parurent les plus
efficaces pour les détruire. Il écrivit en outre une *Hidrografia general*, un *Arte de navegar* et un *Diccionario naútico*.
Ces œuvres, fruits de ses nombreuses navigations dans les
mers du Sud, et de ses découvertes sur les côtes de la Ca-
lifornie, ne furent malheureusement pas publiées. Porter
dédia à Don Fadrique de Toledo Osorio, capitaine général
de la flotte de l'Océan, son *Reparo á errores de la navegacion española*, imprimé à Saragosse en 1634. Au mois de
septembre 1636, il présenta son *Diccionario naútico* au
marquis de Cadereita, vice-roi de la Nouvelle-Espagne.
Cette même année, il termina son *Hidrografia general*, et
ce fut pendant qu'il était gouverneur de Sinaloa, qu'il fit
de nombreuses explorations dans la Mer Vermeille. Cet
illustre marin était chevalier de Saint-Jacques, et avait ac-
quis le grade élevé d'amiral [1].

[1] Voyez Navarrete, *Introduccion al viage de las goletas Sútil y Mejicana;*
Madrid, 1802, page 71. Voyez encore Navarrete, *Prólogo del diccionario marítimo español;* Madrid, 1831.

Pour éviter la perte considérable de navires qui avait lieu dans la mer des Antilles et le golfe du Mexique, le docteur Don Lázaro de Florés publia à la Havane, en 1673, son *Arte de navegar*. Passionné pour l'astronomie, il avait déterminé la situation géographique de cette ville d'après des éclipses de lune, et il avait fait d'utiles applications des principes de Copernic et de Ticho-Brahé, pour la correction des tables et la plus grande exactitude des observations. Il écrivit avec intelligence sur l'usage des instruments; corrigea quelques règles pratiques de Cespedés et de Nájera; mais il ne connut point l'emploi du loch et des cartes réduites, et ne fit faire aucun pas à l'art d'observer la longitude. Son ouvrage contient des renseignements pratiques fort utiles sur les marées et les courants du canal de Bahama; sur les vents qui règnent dans la navigation du cap de Bonne-Espérance, à la côte d'Angola, et il rectifia la doctrine de Figueredo, sur les variations de l'aiguille. A la fin de son ouvrage, il forma un résumé de ses principes, pour que les jeunes gens pussent retenir plus facilement les préceptes et les définitions qu'il renferme. Il rédigea une Trigonométrie pratique, et traça des règles pour mesurer et jauger les navires.; mais ces deux traités ne furent point imprimés.

En 1688, un habile-marin, Don Francisco de Seijas y Lobera, composa deux ouvrages de navigation pratique et expérimentale plutôt que théorique et scientifique. Le premier fut le *Teatro naval hidrográfico*, résultat de 27 ans de voyages fréquents dans les quatre parties du monde, exécutés à bord des navires des nations les plus adonnées aux sciences nautiques. Seijas résuma les travaux de plus de 200 écrivains français, anglais, hollandais et portugais; il

recueillit tout ce qu'ils offraient de neuf et d'avantageux
pour les pilotes, avec l'intention de présenter plutôt un
abrégé des faits et des observations hydrographiques que de
remonter aux causes. Son œuvre fut regardée comme une
hydrographie universelle, et elle obtint un tel succès, que
deux éditions faites, aux frais du roi Charles II, furent rapi-
dement épuisées. En 1704, on en publia une troisième à
Paris, dans laquelle on introduisit de grandes améliorations :
la traduction française parut en même temps. Cependant
le manque d'exactitude de ces anciennes relations, les altérations que, par un bas intérêt, les cosmographes des autres
pays introduisaient dans les cartes, la critique ignorante et
le mauvais goût qui avaient envahi la littérature et les arts,
ne pouvaient manquer d'influer sur les œuvres de Seijas. Il
s'appliqua avec soin à découvrir les propriétés de l'aimant,
même dans les mines où on le trouve; il espérait obtenir la
longitude par le moyen de la variation, et il traça une carte
de celle qu'éprouve l'aiguille dans toutes les mers et les contrées connues de notre globe. Le second ouvrage de Seijas
fut la *Descripcion geográfica y derrotero de la region austral
Magallanica*, qui porte la date de 1690. Il raconte avec
douleur comment les étrangers dominaient ces mers par
leur commerce illicite et leurs violences, pillant les navires
et les côtes espagnoles, et y fondant des établissements.

La navigation du cap Horn était abandonnée; il y avait
plus de 60 ans que les bâtiments espagnols n'avaient tra-
versé le détroit de Magellan et celui de Lemaire; tandis
qu'annuellement plus de 50 vaisseaux de diverses nations
doublaient le cap et conduisaient les produits de la Péninsule dans les ports de la mer du Sud et des Philippines.

Désireux d'effacer cette tache, Seijas s'efforça de décrire

avec intelligence les côtes et les mers d'une partie de l'Amérique méridionale; il réunit tous les renseignements pratiques qui pouvaient rendre la navigation plus sûre, et, en homme qui aime sa patrie, il proposa les moyens qui lui parurent le plus favorables pour que l'Espagne rétablît son ancien commerce et sa domination dans ces parages.

Le dernier traité maritime qui parut en Espagne dans le xvii° siècle eut pour titre : *Norte de la navegacion hallado por el cuadrante de reduccion*, imprimé à Séville, en 1692, par Don Antonio de Gaztañeta, alors pilote-major de la flotte royale de l'Océan. Malheureusement ce n'était point une œuvre originale, comme quelques personnes le crurent. L'Espagne dépendait déjà des puissances voisines, non-seulement pour les produits de leur industrie, mais encore pour les découvertes de l'esprit et de la science. En effet, il y avait plus de 20 ans que Blondel de Saint-Aubin avait publié en France : *Le véritable art de naviguer par le quartier de réduction*. Cette méthode graphique, pour la résolution des triangles, est fort ingénieuse et est encore d'un usage très-étendu, parce qu'elle facilite les opérations journalières du pilotage. Blondel démontra le premier ces avantages, et Gaztañeta les fit apprécier en Espagne et en étendit l'application. La première partie de son ouvrage contient les principes de la navigation, d'après la carte plate et la résolution des triangles rectilignes. Il fait une division très-judicieuse des rumbs de la route et des causes qui les altèrent : telles sont la variation de l'aiguille, les courants, la dérive et les embardées des timoniers. Il indique les moyens de reconnaître ces déviations et d'en déduire le rumb corrigé. Pour mesurer la distance parcourue, il propose de se servir du loch, et il en explique la construction et l'emploi. Ces notions suffiraient, si l'on devait naviguer sur une surface plane; mais, comme celle du globe est sphérique, elles entraînaient avec elles de graves erreurs. La seconde partie est destinée à les faire connaître et les à corriger. Elle présente un résumé d'astronomie nautique ou des problèmes les plus nécessaires, qu'il explique avec simplicité, et dont il réduit la solution à des opérations purement pratiques. Il donne des règles pour trouver la longitude avec plus d'exactitude, par le secours des horloges, et il fut le premier qui parla de nouveau des cartes réduites, inventées depuis tant d'années en Espagne, et qui, après avoir été perfectionnées, étaient devenues d'un usage général parmi les étrangers.

L'amiral Don Antonio de Gaztañeta naquit à Motrico, ville de Guipuzcoa, le 11 août 1656; il commença à naviguer à l'âge de douze ans, sous les ordres de son père, qui était lui-même un habile officier. En 1684, il fut fait pilotemajor, et, en 1699, il prit part, comme amiral royal de la flotte, à l'expédition qui chassa les Anglais du Darien, et dont le commandement en chef avait été confié à l'amiral général de l'Océan, Don Pedro Fernandez de Navarrete, un des aïeux les plus illustres du savant auteur des ouvrages cités. Parmi les précieux manuscrits laissés par l'amiral général, se trouva un *Diccionario de términos de marina*, qui a contribué à former le *Diccionario marítimo español* publié en 1831, par Don Martin Fernandez de Navarrete.

Gaztañeta fut un des ingénieurs les plus célèbre de son temps. Il présenta au roi Philippe V un traité sur la construction des vaisseaux, qui fut imprimé en 1720, et dont l'usage fut prescrit par ordonnance dans tous les chantiers d'Espagne et des Indes. Ses nouveaux plans eurent un si grand succès, que l'amirauté de Hollande en demanda copie, et qu'elle les fit mettre à exécution dans ses arsenaux. Ce navigateur distingué mourut à Madrid, le 5 février 1728.

Dès que la paix d'Utrecht eut assuré la couronne sur la tête de Philippe V, ce souverain créa l'Académie des gardes-marines, fonda l'observatoire astronomique de Cadix, releva le collége de Saint-Telme à Séville, érigea celui de Malaga, intitua la direction hydrographique et les écoles de navigation des principales villes maritimes de la Péninsule et d'outre-mer. Le premier directeur des études des gardes-marines, Don Pedro Manuel Cedillo publia, en 1717, année de leur création, le *Compendio del arte de navegar*, et successivement d'autres ouvrages élémentaires consacrés à l'enseignement. Ce digne exemple fut suivi par plusieurs écrivains, tels que Don Nicolas Guerrero de Torres, Don Pedro de Ribera Marquez, Don Antonio de Clariana, Don Blas Moreno Zavala, Don Josef Gonzalès Cabrera Bueno, Don Josef Garcia Sevillano, Don Felipe Antonio Gavilla, Don Juan Sanchez Reciente, Don Antonio de Alcala, Don Miguel Archer, Don Josef Ignacio de Porras, etc.

Don Jorje Juan et Don Antonio de Ulloa sortirent des gardes-marines, en 1735, pour aller dans l'Amérique méridionale avec les académiciens français chargés de mesurer les degrés terrestres sous l'équateur, pour en déduire la véritable figure du globe. La navigation retira le plus grand fruit de cette expédition scientifique. Dans le même but, on multiplia les observations astronomiques à Cadix; faites d'abord par Don Jorje Juan et Don Luis Godin, elles furent continuées par Don Vicente Tofiño et Don Josef Varela. Pendant que Don Jorje était capitaine de la compagnie des gardes-marines, il engagea tous les officiers de l'Académie à écrire les traités

élémentaires des cours qu'ils professaient, et il composa lui-
même, en 1757, son excellent *Compendio de navegacion* , qui
mérita les éloges du savant James Wilson. Plus tard, Don
Josef de Mazarredo tâcha de résumer les progrès que faisait
l'art nautique, et d'en faciliter la connaissance aux jeunes
gens qui se destinaient à la marine. Le Traité de navigation
de Don Josef de Mendoza y Rios, imprimé en 1787, contient toutes les nouvelles découvertes des savants mathématiciens du xviii° siècle. Ses mémoires sur les nouvelles
méthodes de résolution des problèmes de l'astronomie nautique furent reçus en Angleterre avec tant d'empressement,
que la Société royale de Londres les fit insérer dans ses
Transactions philosophiques. Don Dionisio Alcala Galiano et
Don Francisco Lopez Royo firent d'excellents travaux sur
l'application des sciences à la navigation. Don Gabriel de
Ciscar fit paraître son *Curso de Marina* , qui sert de texte
pour l'instruction des écoles, et l'*Explicacion de varios mé-
todos gráficos para corregir las distancias lunares,* dans laquelle
il simplifie le calcul des observations les plus compliquées
du pilotage astronomique. Les *Tablas lineales* de Don Josef
Luyando sont dignes aussi d'être appréciées, car elles évitent
aux marins de très-longs calculs, et on peut les considérer
comme un abrégé d'astronomie nautique.

Les auteurs que nous venons de citer ne sont pas les
seuls qui, dans ces derniers temps, aient cultivé avec avantage l'art de la navigation. Nous nous bornerons à men-
tionner, en finissant, les noms de Don Josef de Espinosa,
Don Juan Aguirre, Don Cayetano Valdés, Don Juan Monte-
verde, Don Salvador Melendés, Don Francisco Gil y Lemos,
Don Gabriel Aristizabal, Don Santyago de Zuloaga, Don Ven-
tura Barcaíztegui, Don Juan Vernaci, Don Isidro Cortazar,

Rovira, Don Josef Vargas, Don Andrés de Oyárvide, Don Juan de Lángara, Don Sébastien de Apodaca, Don Salvador Fidalgo, Don Luis de Salazár, Don Felipe Bauzá, l'amiral Gravina, Don Cosme Churruca, Don Josef Joaquin Ferrer, et Don Alejandro de Malaspina. L'analyse des ouvrages de ces officiers, qui depuis le règne de Charles III n'ont cessé d'illustrer la marine espagnole, formera la matière d'un nouveau mémoire ; et nous examinerons en détail les magnifiques travaux exécutés jusqu'à ce jour par le dépôt hydrographique de Madrid, sous la direction du savant et modeste Don Martin Fernandez de Navarrete.

Nous ne pouvons entrer ici dans un examen plus détaillé de tant d'ouvrages utiles. Mais nous espérons que ce court résumé historique suffira pour montrer que c'est par la protection accordée à l'étude des sciences nautiques, que l'Espagne est parvenue à élever sa marine au niveau de celle des nations les plus éclairées de l'Europe moderne.

D. DE M.

Paris, août 1839.

www.ingramcontent.com/pod-product-compliance
Lightning Source LLC
Chambersburg PA
CBHW051242030726
47595CB00003B/1037